內戰在東北

熊式輝、陳誠與東北行轅

（一）

Civil War in Manchuria

Hsiung Shih-hui, Chen Cheng, and the Northeast Field Headquarter

- Section I -

導讀

陳佑慎

國家軍事博物館籌備處史政員

國防大學通識教育中心兼任教師

（一）

本套書取材自「國民政府東北行轅民國卅六年度工作報告書」、「東北行轅政務委員會委員會議議事錄」及相關檔案史料。

所謂東北行轅，全稱是國民政府主席東北行轅，行轅主任先後為熊式輝、陳誠，乃國民政府在中國東北地區的軍事、政治總樞。因此，本套書內容除含括國共戰爭的作戰、情報、後勤事項，以及軍事運營方面的經理、人事、編制、監察、兵役、教育、總務、軍法、衛生、政工、砲兵、工兵、通信等管理，也包含了更廣泛的民政、財政等歷史細節。這些內容，對熊式輝、陳誠個人的政治軍事生涯，東北地區的局勢變動，以及全中國的國運，關係十分重大。

且說從頭。東北地區之於中國，具有特殊的政治、軍事、經濟戰略地位。陳誠曾經指出，「日本侵華，是由東北開始的。起初日人的希望，以能奪取東北為已足。假使當時我們認為東北可以不要，則八年抗戰也許不致發生」，而「經過八年浴血抗戰之後，如果勝利的果實，不包括光復東北在內，則千萬軍民的死傷，難以數計的財產損失，都將成為無謂的犧牲」。[1] 這種看法，國民黨人曾經相當流行。[2]

抗日戰爭結束，「滿洲國」瓦解，日本終於失去對中國東北地區的支配。為了處理東北各省的收復事宜，國民政府於 1945 年 8 月 31 日議決通過「收復東北各省處理辦法綱要」，隨後特設軍事委員會委員長東北行營，初駐長春，後移瀋陽，行營主任為熊式輝。這個東北行營，就是本書主角——東北行轅的直接前身。東北行營運作到 1946 年 6 月，因為國民政府軍事委員會結束、行政院國防部成立，於是，連同其它各地的軍事委員會委員長行營，名義已無法繼續存在。[3] 同年 9 月，東北行營正式改稱東北行轅，而人事、組織、職權基本照舊。

然而，國民政府必欲收復之東北，新一階段的情勢極其複雜，使得接收工作困難重重，險象環生。[4] 先是，抗日戰爭結束前夕，1945 年 8 月 9 日，蘇聯發動日本的大規模攻勢，很快佔領了整個中國東北地區，以

---

1 陳誠著，吳淑鳳編輯，《陳誠先生回憶錄：國共戰爭》（臺北：國史館，2005），頁 112-113。

2 1947 年 7 月 7 日，蔣介石發表「抗戰建國十週年紀念告全國軍民同胞書」，即直指「我們對日抗戰的目的，原在於捍衛國土，收復東北，保持主權和領土的完整。東北的主權和領土行政一天沒有恢復，便是抗戰的目的沒有達到」。見秦孝儀主編，《先總統蔣公思想言論總集》（臺北：中國國民黨中央委員會黨史委員會，1984），第 32 卷，頁 171。

3 軍事委員會委員長行營、國民政府主席行轅改組與國防部成立之關連，參見陳佑慎，《國防部：籌建與早期運作（1946-1950）》（臺北：民國歷史文化學社，2019），頁 160-167。

4 對於戰後東北接收引伸的外交、政治、軍事問題，學界甚為關注，較有系統且全面的研究，例見高純淑，〈戰後中國政府接收東北之經緯〉（臺北：中國文化大學歷史學系博士論文，1993）；程嘉文，〈國共內戰中的東北戰場〉（臺北：國立臺灣大學歷史學系碩士論文，1996）。

及朝鮮半島北部、庫頁島南部、南千島群島等地。繼之，中共趁蘇聯軍事佔領東北的既成事實，憑藉蘇軍支持或默許，利用日軍遺留武器與東北人力物力，勢力日益坐大。國民政府則依據《中蘇友好同盟條約》，與蘇俄一再交涉，期望蘇軍早日撤出東北，減少對中共的支持，並促成國軍順利接收東北，但最後並未獲致良好結果。當時，國民政府為了對蘇談判，特派蔣經國為外交部東北特派員，復指定東北行營副參謀長董彥平兼任駐蘇聯軍事代表團團長，派駐蘇軍總司令部，以資聯繫。董彥平及其駐蘇軍事代表團留下的交涉報告、紀錄文件，日前已由民國歷史文化學社編輯出版為《內戰在東北：駐蘇軍事代表團》（共二冊），有興趣的讀者可以參閱，對照本書的相關內容。

中蘇之間幾經周折，延至 1946 年 3 至 5 月間，蘇軍不待國軍接防，全部撤回蘇境。蘇軍在各地遺留的真空，由中共力量迅速填補。國民政府則調派精銳國軍部隊，以錦州、瀋陽為基地，分向南滿、北滿地區進攻。5 月，國軍曾經重挫共軍，收復四平、長春等地，聲勢一度大振。然而，國軍並未徹底擊破中共主力，也未進一步向松花江以北推進。更嚴重的是，國軍之勝利，所得收穫只是佔領城市、鐵路線，而兵員、糧彈補充困難，外乏增援之師，戰力逐漸耗損。反之，共軍依然盤據廣大的農村地區，以農村地區的人力、物力補充戰損，再生力強大。可以說，國軍困守點線，共軍控制面積；國軍居消費之地，共軍據生產之區。國民政府所謂接收東北，除去孤立據點、幾條脆弱的交通線外，恐怕別無他物。

到了 1947 年間，東北國軍依托「點」「線」，共軍控制「面」，兩軍形成拉鋸戰，惟國軍消、共軍長的整體情勢已日漸鑄成。於是，國民政府中樞、東北當局主事者，被迫放棄了收復東北完整主權的信心，轉採取以瀋陽、長春、四平、永吉、錦州、葫蘆島等城市作國民政府在東北的主權象徵、戰略據點，然後苦撐待變，再尋求機會使用機動兵力打擊共軍主力。6 月，熊式輝在東北行轅週會上曾表示，「東北形勢，已由接收廣大地區，轉變到集中兵力，消滅匪軍」。[5]

1947 年 9 月以後，陳誠接替熊式輝之位，推動一定程度的新政，但在作戰方面其實沒有改變前揭戰略原則。在「國民政府東北行轅民國卅六年度工作報告書」前言遂有謂：「我軍事難於開展，使我政令無法推行」，「但我為收復主權，屏蔽內地，忍苦支撐，竭力挽轉，移輕就重，捨小護大，凡有裨於戡亂軍事之處，莫不悉力以為」。

（二）

以上所述，是為抗日戰爭結束，東北行營、行轅先後成立期間，國民政府在東北地區所面臨的惡劣局勢。下面則要談談，國民政府在東北陣前換將，以陳誠替換熊式輝擔任行轅主任的經緯。

無可諱言地，東北行營／行轅作為國民政府在東北地區的政治、軍事總樞，身處複雜情勢，所作所為卻未

5 熊式輝著，洪朝輝編校，《海桑集：熊式輝回憶錄，1907-1949》（香港：明鏡出版社，2008），頁 583。

孚人心所望。首先談軍事方面，如黨政軍機構對於接收工作的通盤規劃不足，相當數量接收人員貪贓枉法，彼此爭奪，生活紙醉金迷，「甚至對東北人還有點對殖民地的味道」，[6]馴至接收有「劫收」之名。又如黨政軍機構林立，組織龐雜，人浮於事。抑有進者，許多機構因為廣大地區先後為蘇軍、共軍所佔，根本無法前往轄區，遂麕集於瀋陽，徒增財政負擔，卻對行政效率、民心均有不良影響。

其次談軍事方面，此亦為最影響民心士氣，對國民政府統治產生最直接致命衝擊的部分。首先，許多東北地方人士指責，「中央在東北最大的致命傷，莫過於不能收容偽滿軍隊，迫使他們各奔前程，中共因此坐大。林彪就是利用東北的物力、民力，配上蘇軍俘來的日軍和偽軍武器組成第四野戰軍，一直從東北打到廣東和海南島」。[7]這種說法有無道理，一言難盡，但確實在接下來的日子爭論了數十年。另外，國軍在接收東北初期，「急於求功與輕視共軍，祇謀地區之擴展，忽略集中殲滅共軍兵力」[8]等現象，也頗引人們詬病。其後東北軍事當局見兵力不足、防廣兵單，乃轉採保守戰略，試圖培養本身戰力，再謀打擊共軍主力。不幸，國軍的新戰略，從未有兌現的一天。

---

6 沈雲龍、林泉、林忠勝訪問，《齊世英先生訪問紀錄》（臺北：中央研究院近代史研究所，1990），頁 269。

7 沈雲龍、林泉、林忠勝訪問，《齊世英先生訪問紀錄》，頁 270。

8 陳誠著，何智霖編輯，《陳誠先生回憶錄：六十自述》（臺北：國史館，2012），頁 106。

熊式輝是東北行營／行轅主任，身為東北地區的政治軍事總負責人，對於政治、軍事等各方面的困境，當然是難辭其咎的。不過，當中的許多問題，確實並非熊氏單個人的決策。以最受外界攻擊的偽滿軍隊收容問題為例，抗戰結束後原「滿州國」軍隊連同東北其它所謂游雜武裝，或遭解散命運，或以地方保安部隊名義暫得棲身。這些地方保安部隊，究竟應擴充抑或繼續裁減，政府當局內部迭次爭論。熊式輝主張的是擴充，認為地方保安部隊可輔助國軍正規部隊作戰。主導全國「整軍」工作的參謀總長陳誠，則輕視地方保安部隊的實力，堅主裁減，而且意見佔了上風。[9]

除此之外，熊式輝雖為東北政治、軍事最高負責人，所謂「軍事委員會委員長行營主任」一類頭銜更有高級作戰區指揮官的意味。[10] 實則，熊式輝之下復有東北保安司令部之設，保安司令杜聿明為真正指揮作戰者，而熊、杜兩人關係不睦。1946 年 2 月，杜聿明一度因病離職修養。即使如此，熊式輝仍舊抱怨「余為行營主任，名則軍事最高長官，而於軍事有責無權」，「杜為真正司令長官，名雖病假期中，實際卻仍在指揮軍事」。[11] 東北內部政治、軍事領導之協調不佳，於此確可見一斑。

1947 年 5 月 30 日，蔣介石在日記寫道：「瀋陽內

9 熊式輝著，洪朝輝編校，《海桑集：熊式輝回憶錄，1907-1949》，頁 565、606。

10 國防部第三廳編，《作戰區之組織與職掌》（南京：國防部第三廳，1947），頁 11-13。

11 熊式輝著，洪朝輝編校，《海桑集：熊式輝回憶錄，1907-1949》，頁 526。

部複雜，工作腐敗，天翼（熊式輝）威信絕無，光亭（杜聿明）臥病在床，軍機大事推諉延宕」。[12] 這段話，似非過份之論。很快地，蔣介石下定了更換東北人事的決心。

蔣介石為調整對共作戰佈局，洽詢桂系領袖、北平行轅主任李宗仁轉任東北的意願，李不願。蔣續請桂系要人國防部長白崇禧赴東北，白亦不肯接受。[13] 李宗仁後來回憶，曾說「倖免於介入東北」。[14] 至於白崇禧推辭東北委任之後，蔣介石改催促其主持華中軍事。白崇禧初仍拒絕，後終於在 1947 年 11 月同意到九江成立並主持國防部九江指揮所（後改設武漢），指揮華中地區國軍（相當數量為桂系部隊）圍剿大別山地區的共軍。[15] 此為內戰中後期白崇禧執掌華中兵權的直接緣由。

在桂系李宗仁、白崇禧相繼拒絕執掌東北兵符之後，作為蔣介石股肱重臣的參謀總長陳誠，乃遵蔣氏之命赴瀋陽，於 1947 年 9 月 1 日起兼東北行轅主任。其參謀總長職權，由參謀次長林蔚代行。至於東北行轅原主任熊式輝，雖可就此擺脫燙手山芋，但究屬難堪下

---

12 《蔣介石日記》，未刊本，1947 年 5 月 30 日。

13 陳誠著，吳淑鳳編輯，《陳誠先生回憶錄：國共戰爭》，頁 115。

14 李仁宗口述，唐德剛撰寫，《李宗仁回憶錄》（臺北：遠流出版社，2010），頁 781。

15 陳存恭訪問紀錄，《徐啟明先生訪問紀錄》（臺北：中央研究院近代史研究所，1983），頁 129-130；熊式輝著，洪朝輝編校，《海桑集：熊式輝回憶錄，1907-1949》，頁 648；覃戈鳴，〈白崇禧圍攻大別山戰役概述〉，全國政協文史資料委員會編，《文史資料存稿選編》，第 10 冊：全面內戰（中）（北京：中國文史出版社，2002），頁 565-567。

台，本人尤感「恥於知難而退」。[16] 以後，熊式輝未再擔任政治、軍事要職。

陳誠既已臨危接掌東北行轅主任，隨即陸續推動各項措施，而這些措施基本上可以用「先事整飭內部，戰略暫取守勢」[17] 一句話概括。所謂戰略暫取守勢，為繼續守備永吉、長春、四平、瀋陽、錦州、葫蘆島等處，以有力部隊機動控置於鐵嶺、錦州，準備排除北寧路之障礙，打通瀋長路交通，然後相機進行城堡戰與野戰，謀求各個擊破共軍。[18]

至於所謂整飭內部，實為陳誠相對於熊式輝真正大幅度推動的新政，而大致上又可分為政務、軍務兩類。在政務上，為整併機構（如合併行轅政治與經濟兩委員會為政務委員會，敵偽事業統一接收委員會、生產管理局、房地產管理局為東北區敵偽資產處理局），緊縮尚未接收之各省市政府並令離開瀋陽，嚴懲不法人員，安裕民生，調節物資，穩定物價等。在軍務上，為調整國軍指揮系統，整編國軍部隊，大量裁併地方保安部隊等。

然而，陳誠在東北雷厲推行的新政，雖義正辭嚴，仍引起許多政軍人士的敵意。當中的整編國軍部隊、裁併地方保安部隊等項，常被懷疑獨厚特定軍系，消滅特定軍系，最易激成不滿空氣。1948 年 2 月，已卸任

16 熊式輝著，洪朝輝編校，《海桑集：熊式輝回憶錄，1907-1949》，頁 613-617。

17 陳誠著，何智霖編輯，《陳誠先生回憶錄：六十自述》，頁 104。

18 陳誠著，何智霖編輯，《陳誠先生回憶錄：六十自述》，頁 105-107。

賦閒的熊式輝，當面向蔣介石直指「軍心對陳誠俱感不安」，陳誠「等於在暴風雨之下，還如此從容去拆屋架屋」。[19] 應當指出，抱持類似觀點者，並不在少數。尤其陳誠在抵東北視事以前，歷任軍政部長、國防部參謀總長等職，早被視為全國範圍內整軍政策的操盤手，備受反對整軍政策者的指責。[20]

隨著東北國軍的處境日益困難，陳誠面對「在暴風雨之下，還如此從容去拆屋架屋」一類質疑，逐漸難以招架。自 1947 年 9 月起，至 1948 年 1 月間，共軍多次發動對瀋陽、錦州、錦西、營口、撫順、營盤、白旗堡、永吉、公主屯等地的攻勢。期間，國軍雖尚能確保錦州、瀋陽、長春等主要據點，但損兵折將，又乏補充，距離實現「各個擊破共軍」的可能性一天比一天更為遙遠，局勢較之熊式輝主持時期顯然還要惡劣。

（三）

陳誠主持東北政治、軍事期間，焚膏繼晷，且苦於胃疾，頗有大廈將傾，獨木難扶之慨，聲望也大受影響。1948 年 2 月，陳誠終於離開瀋陽，經南京轉赴上海，治療胃疾。[21] 但難以否認，其離任時的難堪程度，較熊式輝有過之而無不及。至於東北作戰之指揮，蔣介石另派衛立煌以東北行轅副主任兼東北剿匪總司令名義

19 熊式輝著，洪朝輝編校，《海桑集：熊式輝回憶錄，1907-1949》，頁 660。

20 見《申報》，1948 年 4 月 13、14 日，10 月 8 日，版 1；國防部編，《國民大會代表軍事檢討詢問案之答覆》，頁 3-108。

21 于衡，〈陳誠、熊式輝走馬換將〉，《傳記文學》，第 20 卷第 3 期（1972），頁 64。

主持。

1948 年 3 月 29 日，第一屆國民大會於南京召開，各方面對陳誠的攻擊，達到了高潮。這次會議召開期間，陳誠在滬養病，並未參加，缺席了國民大會代表群體對他的嚴厲審判。4 月 12 日，在國防部長白崇禧於大會報告軍事問題後，國民大會代表群起發言，要求政府當局嚴懲陳誠的軍事責任，甚至有言「殺陳誠以謝國人」者。[22] 5月12日，蔣介石批准陳誠辭去參謀總長、東北行轅等本兼各職。

蔣介石、陳誠有見國民大會對於東北問題的嚴厲責難，當時歸咎於桂系領袖李宗仁為競選副總統，故意操縱會場空氣，暗示挑撥所致。[23] 因之，蔣介石在陳誠交卸參謀總長、東北行轅主任職位的同時，隨即逼迫桂系要角白崇禧辭去國防部長，僅允白崇禧保留原國防部九江指揮所麾下華中部隊的兵權。白崇禧抗議未果，最終仍於 1948 年 6 月底正式就任華中剿匪總司令，總司令部即是由原九江指揮所改組而成。

近於同時，5 月 19 日，行憲政府成立前夕，政府當局亦有鑑於國民政府主席名義將不復存在（國家元首改為總統），明令取消國民政府主席行轅制度，東北、北平行轅著即歸併於東北與華北剿匪總司令部。[24] 於

---

22 參見《申報》，1948 年 4 月 13、14 日版 1 各篇報導；《蔣介石日記》，未刊本，1948 年 4 月 13 日。

23 《蔣介石日記》，未刊本，1948 年 2 月 9 日，4 月 2、3、4、13 日；陳誠著，何智霖編輯，《陳誠先生回憶錄：六十自述》，頁 109。

24 〈國民政府令〉（1948 年 5 月 19 日，補登），《總統府公報》，第 2 號（1948 年 5 月 21 日），頁 1;「蔣介石致傅作義電」（1948 年 5 月 12 日）、

是，東北剿匪總司令衛立煌正式成為接替陳誠的東北政治、軍事總負責人。而東北、華北、華中剿總，再加上徐州剿總，成為國軍在新一階段的主要高級作戰區指揮機構。再幾個月不到，這幾個作戰區指揮機構，就要面對國共戰爭的戰略決戰，錦瀋、平津、徐蚌會戰。至於國軍在前述幾場戰略決戰的災難性終局，本文就不必贅述了。

回頭再談陳誠與東北。陳誠在東北遭逢挫折，步上熊式輝後塵黯然離任。對此議論紛紛者，自然不侷限於他和蔣介石所怪罪的桂系人士。1948 年底，陳誠經過數月的療養、沉潛生活，方才傳出層峰起用出任臺灣省政府主席的消息。屬於黃埔系重要人物，時任西安綏靖公署主任的胡宗南聞訊之後，尚向蔣介石表示，對於陳誠的新動向，「外間多覺煩悶」，理由是「辭公（陳誠）近年來所作為對國家影響太大」。[25]

總而言之，陳誠主持東北行轅的經歷，是他個人戎馬生涯中極黯然的一頁。儘管，陳誠沒有因此洩氣，也沒有失去蔣介石的倚重，稍後仍陸續藉臺灣省主席、東南軍政長官、行政院長、副總統等新職，東山再起，並發揮對國家的正面影響力。

更確切地說，熊式輝、陳誠主持東北政治軍事的過程，不僅僅是他們個人的黯然經歷，實是整個中華民國

「蔣介石致衛立煌電」（1948 年 5 月 29 日），《蔣中正總統文物》，國史館藏，典藏號：002-020400-00017-108、002-020400-00016-091。

25 胡宗南著，蔡盛琦、陳世局編輯校訂，《胡宗南先生日記》，下冊，1948 年 12 月 30 日條，頁 89。

政府的悲劇。陳誠交棒東北政軍全權未及一年，1948 年 11 月，共軍徹底贏得東北的全勝。數十萬東北共軍狹新勝餘威，很快蜂湧開入關內，使關內各戰場的國共兵力急遽失衡，直接影響了整個國共戰爭的最終結果。歷史沒有如果，但許多專業史家仍然不禁想問，假使當年國民政府中樞、東北當局的抉擇有那麼一點不一樣，會不會改變東北國共戰局，改變整個國共戰爭的結果，從而牽動冷戰時代的全世界走向？[26] 當然，這個問題永遠不會有肯定答案。

我們真正有機會找到肯定答案的問題，是探索陳誠、熊式輝、衛立煌等個人，連同其廣大僚屬、機構的作為，究竟在這個風雲變動的歷史巨流中扮演什麼角色？受到什麼時代影響？帶來什麼時代影響？本書的出版，提供了回答各種相關問題的有力線索。

本套書的內容，綜合觀之，聚焦於 1948 年衛立煌出任東北剿匪總司令、國共醞釀錦瀋會戰以前，1947 年內熊式輝、陳誠主持東北行轅轄下的軍政、軍令、軍隊政工，以及民政、財政事項。某種意義上，可讓吾人一窺東北國軍在戰略決戰前夕的各種身影。讀者若能參照其他相關史料，定能更深入地了解東北問題的複雜面向，尋索當時東北何以發生翻天覆地的變局。

26 Arthur Waldron, "China Without Tears: If Chiang Kai-Shek Hadn't Gambled in 1946", in Robert Cowley ed., *What If?: The World's Foremost Historians Imagine What Might Have Been* (Berkley: Robert Cowley, 1990), pp. 377-392. 中譯收於王鼎鈞譯，《What If?：史上 20 起重要事件的另一種可能》（臺北：麥田出版，2011）。

編輯凡例

一、本書編輯自東北行轅所提交之「國民政府東北行轅民國卅六年度工作報告書」。

二、本書史料內容，為保留原樣，維持原「偽」、「匪」等用語。

三、為便利閱讀，部分罕用字、簡字、通同字，在不影響文意下，改以現行字標示；部分表格過大，重新改製，並將中文數字改以阿拉伯數字呈現；以上恕不一一標注。

四、部分表格數字加總有誤，為依照原文呈現，不予修正。

五、原件無法辨識文字，以■表示。

六、部分附件原件即缺漏。

目錄

國民政府東北行轅
民國卅六年度工作報告書

第一、前言

東北行轅於卅五年九月由前東北行營改組而成。為東北全區軍政之總樞。卅六年長官司令部撤銷併入行轅，事權乃益集中，計卅六年一年內軍事先開展而後頓挫，至年底則收復區較為縮小，蓋一城一地之得失與軍事全局固無重大關係也。東北局勢本極複雜，悉力應付已感不易，而尤以此一年中匪軍憑藉其特殊環境大逞兇燄，著著進迫，阻絕我交通，憑陵我城廓，摧毀我農村，荼毒我人民，使我軍事難於開展，使我政令無法推行，嗚至糧源竭蹶，軍民交困，但我為收復主權，屏蔽內地，忍苦支撐，竭力挽轉，移輕就重，捨小護大，凡有裨於戡亂軍事之處，莫不悉力以為，就中如軍隊之整訓與地方武力之編練，政治經濟之舉措與物資來源之開闢諸大端，並未因環境特殊困難而稍有停頓。故此一年中局面固極嚴重，而工作亦因此而益有其特殊價值，懲前毖後，良資淬茲，謹撮舉一年中重要工作彙為是編，所以便既往之檢討與將來之參證也。其概況如次。

第二、一般業務

其一　文書概要

本行轅文書處理素具基礎，工作雖云繁重，從無紊亂紛岐情形。行政院前頒簡化公文辦法，業經轉行各機關部隊，國防部新頒軍用文書手冊暨本行轅自訂內部處理文書暫行規則均經遵照施行。

一、文書講習會之成立

為遵照國防部電令並期切實瞭解公文手冊要義，順利推行，本行轅曾電准國防部自行舉辦文書講習會，召集熟諳新式公文暨各單位主管文書人員就軍用文書手冊講習一週，效果良好。

二、公文改革之推行及聯繫

舊式公文沿用積習已深，此番大事改革，初不免頗感困難，經指定主管文書單位負責推行，協助聯繫，由簡及繁，次第推行。

三、行文單位表及代字表

為確保文書機密並便於稽查起見，曾就有關機關分別系統編定行文單位表及行文代字表兩種，使用頗稱方便。

四、公文用印

本行轅全部及政委會一部文電概由主任辦公室切實檢查，然後蓋印，平均每日用印達一千四百餘件。

五、會報紀錄

本行轅每週例定會議有聯合會報及業務會報各一次，以及不定期臨時會議，其紀錄整理、印發等工作全由主任辦公室擔任。

六、部隊印信之頒發

各機關部隊之印信由國防部頒發者，經本行轅轉請轉發，如因時間急迫不待轉請者，由本行轅依印信規則之規定先行刊發，然後報請國防部備案；或因時間、空間限制頒送不便者，則飭由請發機關或部隊依印信規則之規定自行刊製，事後拓附印模分別存轉各機關部隊。如印信遺失，則由本行轅通令作廢，並依印信規則第七條第三項之規定補發，事後報請國防部核備。

七、來往電報之處理

來往電報各設收發二人輪流替值，確實實行二十四小時工作制，收到來電或去電時先行檢查是否有不合規定之處，而後登記編號另簿送來（或去），電報負責人於譯畢後再行交回摘由，並加註使用密本之名稱，及交譯至譯畢之時程後，分送聯絡電台及承辦單位。如有時間性或重要電報，則由收發先通知電台準備，並於送達後即時監督準時發出，並報告發出時間。

八、密本之編制

東北地區遼闊，部隊單位繁複，且指揮系統時有更易，除各正規軍師（含特種兵團）之密本由國防部統籌編發（行政機關由行政院編發）外，至不屬第二廳編發密本範圍之部隊則由本行轅自行編製，送請國防部審核後轉發各部隊使用。惟以各部隊駐地遙遠，兼以交通時遭共匪破壞，關於密本之轉發則分別地區環境及需要，除派專人送達外，其間隔匪區者則派專機空運或空投，一年以還尚無密本脫節無法通電情事。

九、機密之確保

東北地處邊陲為我國防前哨，隨時隨地咸須謹慎將事，始能免予外人責難與藉口，故保密工作尤為重要。自卅五年八月國府派員來東北視察並指示保密要領後，本行轅即積極展開糾察監督之任務，適時召集電務人員暨電台負責人授以保密要則，確切注意保密，並由主任辦公室逐日檢查來電報底，如有明碼首尾或簡首尾及延誤時間等情事，即填具日報送通信指揮部視情節輕重簽請議處，至報底之保管依照軍電法規第二十三條之規定，每隔六個月監燬一次。

一〇、譯電之考勤

為稽核服務成績之優劣而為獎懲及年終考績之準繩起見，由專人負責統計各譯電人員之工作字數，於每日工作完畢時來（去）電負責人將工作日記記載表折算字數呈閱，裝訂保管，每月終總結一次，列表統計註冊備查。

一一、本年度共收譯電報

計有機電 10,175 件，計 822,475 字；無線電 38,046 件，3,332,374 字；全年總計 48,221 件，共計 4,154,849 字。

一二、本年度共譯發電報

計有線 7,060 件，568,932 字；無線電 28,991 件，2,435,961 字；全年總計 36,051 件，3,004,943 字（如附表二）。

一三、公文總收發

1. 總收

（一）凡收到一般公文即時折到摘由編入總收文號，並註明收到年月日時，就其性質分送各主管單位。

（二）凡收文封面有「親啟」、「密啟」、「極機密」等字樣及各幕僚長私文函電，收文室概不折封，僅於原件封面上編號登記註明收到時間，送主任辦公室主任折封交辦。

（三）公文如有附件，登記後隨文附送，如收文缺少附件，即通知或退回來文機關補送，俟附件到齊後連同原件一併分發。

2. 總發

（一）稿件經判行後由發文單位繕印裝封並在封面上註明發文字號機關名稱及詳細地址，並按文件之緩急在封面上加蓋「速件」、「最速件」、「限╳月╳日╳時送到」或專送等字樣，送發文室點收。

（二）發文室收到各單位文件時，即按封面標誌分別登記「普通」、「速件」、「最速件」或「密件」於送達簿，轉交傳達室專送或投遞。

附表一　國民政府主席東北行轅卅六年度收電統計表

月份	有線電		無線電		合計	
	件數	字數	件數	字數	件數	字數
一月份	1,005	86,475	3,483	312,080	4,488	398,555
二月份	975	62,850	2,906	250,864	3,881	313,741
三月份	667	60,042	3,004	277,860	3,671	337,902
四月份	1,623	143,285	2,845	240,053	4,468	383,338
五月份	566	42,070	2,775	234,260	3,341	276,330
六月份	895	55,429	4,081	380,745	4,976	436,174
七月份	246	66,422	5,042	456,267	5,788	522,689
八月份	903	84,266	3,406	300,806	4,309	385,072
九月份	866	70,053	3,119	275,134	3,985	345,187
十月份	764	60,408	2,804	235,810	3,568	296,209
十一月份	644	42,225	2,577	217,776	3,221	260,001
十二月份	521	48,950	2,004	150,728	2,525	199,678
總計	10,175	822,475	38,046	3,332,374	48,221	4,154,849

附表二　國民政府主席東北行轅卅六年度發出電報統計表

月份	有線電		無線電		合計	
	件數	字數	件數	字數	件數	字數
一月份	642	48,089	1,965	174,284	2,607	222,373
二月份	513	50,003	2,177	200,475	2,710	250,478
三月份	421	37,267	2,468	234,686	2,889	271,353
四月份	1,226	94,857	2,642	246,730	3,868	341,587
五月份	404	3,098	1,889	154,268	2,293	157,366
六月份	766	62,420	3,674	249,907	4,440	312,327
七月份	809	90,034	4,629	410,984	5,438	501,018
八月份	622	50,478	2,650	230,567	3,272	281,045
九月份	517	49,629	1,792	140,850	2,279	190,479
十月份	398	24,005	1,469	100,489	1,867	124,494
十一月份	342	29,046	1,804	124,678	2,146	171,724
十二月份	400	30,056	1,842	150,643	2,242	180,699
總計	7,060	568,982	28,991	2,435,961	36,051	3,004,943

其二　經理

一、經理概況

1. 本行轅及直屬各單位預計算編報情形

（一）預算

經常費預算：本行轅元月份改組及本年二、五、八月份三次調整給與預算，均已分別編報，至九月份以後因行轅再行改組，並增設預算室，所有預算業務九月份起由該室接辦。

臨時費預算：本行轅各項專案臨時費規定由各主管單位先行報案，再由該室編列預算動支。

本行轅新聞處於四月十六日成立，該處及所屬工作大隊經費預算經專案編送國防部核備，並將預算數按月撥交該處自行經理。

（二）計算

本行轅及直屬各單位至五月份計算，經先後送由第六補給區會計分處核轉，六月份以後計算因編報辦法變更，初次承辦，手續上未盡完善，經該區主管送還更正。

2. 本行轅及直屬各單位經臨費收支概況暨領發保管情形

本行轅及直屬各單位經費，按月由第六補給區照國防部核定預算領入，依法存於國家銀行代為保管，本行轅即按照各單位所需月額核實轉發所有支付款項，除零星小款以現金支付外，概以銀行支票支付。所有本年度經臨費收支概況如附表第一。

3. 本行轅及直屬各單位糧秣收發概況暨領發保管情形

（一）軍糧：本行轅及直屬各單位卅六年度歷月官兵主食均係按行轅本部暨直屬各單位編制內各月份實有官兵人數向第六補給區請領核實轉發給與，品量均由第六補給區遵照中央規定按正七什三成分別大小月核發，本行轅即按領入品量核發各單位，正糧七成均為大米，什糧三成除元、二、三，三個月份領入小米轉發小米外，自四月份以後各月份均係領入高粱米轉發高粱米，各月份領發軍糧均係按期請領轉發，其領發卅六年全年度軍糧品量如附表。

（二）眷糧：東北區官佐眷糧暨同官佐待遇之通訊技術軍士眷糧，均係遵照中央規定，自五月份實行不發實物折發代金，並規定每官佐不得超過大口四人，計大口每人月給代金一、一〇〇元，小口每人五五〇元，軍士不發。自八月份起中央規定改發實物，不分眷屬人數多寡，每官佐每月發給眷糧（大米或麵粉）五十市斤，通訊軍士廿五市斤，均係按照本行轅調查後實有之官佐眷屬人口，按期向補給區請領轉發，其領發代金及眷糧品量如附表。

（三）副秣費：副食費中央規定卅六年度元至三月份每人每月一、一〇〇元，四月份一、六〇〇元，五月份一、七四一．九〇元，六月份二、〇〇〇元，七月份三、五〇〇元，八月份四、五〇〇元，九至十一月份六、五〇〇元，十二月份九、五〇〇元。官佐於十月份起不發馬干費，中央規定元至三月份每國馬給二、六〇〇元，每洋馬月給三、九〇〇元，四月份國馬三、四〇〇元，洋馬五、一〇〇元，五月份國馬三、六一二·九〇元，洋馬五、四一九·三五元，六月份國馬四、〇〇〇元，洋馬六、〇〇〇元，七月份國馬九、〇〇〇元，洋馬一八、〇〇〇元，八月份國馬一二、〇〇〇元，洋馬二四、〇〇〇元，九至十一月份國馬三二、〇〇〇元，洋馬六四、〇〇〇元，十二月份國馬五〇、〇〇〇元，洋馬七五、〇〇〇元。又自四月份起中央規定副食品另發實物，計每人每月另給大豆二兩、食鹽五錢，馬秣每馬月給豆餅三斤、鹽一兩，均按本行轅編制內實有人馬數按月向第六補給區請領核實轉發，其領發費款與豆鹽數量如附表。

（四）各月份領入糧秣均交由糧庫人員妥為保管按月盤存，並設法避免潮濕或霉壞，又庫內設有滅火機，庫門外設有水缸、沙包，以防發生火警，庫內人員嚴禁吸烟取暖，一年來幸未發生不幸事件。

4. 行轅及直屬各單位服裝收發概況暨領發保管情形

（一）夏服於本年四月下旬向第六補給區領到並核實轉發，於五月一日一律換季，其領發數量詳附表。

（二）冬寒服裝於本年十月間陸續領到並陸續核實轉發各官兵著用，其領發數量詳附表。

（三）本行轅領用各項被服裝具，除存庫者責成管庫人員依照被服品保管規則妥予保管並經常整理翻晒外，並飭各受領官兵特加愛護，再凡離職時應予繳還者，並飭依規定悉數繳還。

二、東北各省各區保安團隊及其他代領轉發單位之補給

1. 受補單位

計九個省保安司令部、十三個區保安司令部，共轄六十五個保安團另又三個騎兵軍，暨蒙旗聯防指揮部及其所屬。

2. 監察考核

為求覈實補給並按月清餉起見，除規定人馬經費報表飭各受補單位按期填報外，並規定每月末日為薪餉發放日期，飭各部隊自行點放，仍由本行轅隨時派員赴各單位抽查或點放者有一、二、五、七、九、八各保安區及遼寧、興安等省保安司令部。

3. 預算審核彙報情形

（一）預算

(1)保安部隊經費預算

A. 區保安司令部：本行轅所屬四個保安總隊，自本年度起改編為保安區，連同原有之六個保安區，元、二月份經費預算係按核定編制擬編送請行政院核辦，並一面飭財政部東北特派員辦公處轉知央行撥款應用。三月份起增設七、八、九三個保安區，復經編具追加預算送請行政院按月增撥至，二、五、八月

份三次調整給與之預算均經分別編報，九月份起各保安區改編為正規軍暫編師，其經費始改由補給區補給。

B. 省保安司令部：東北各省保安司令部經費，於本年度起劃歸本處承辦，經照收復省份省司令部一、團二編造預算，送由政委會財政處承辦，轉令轉飭財政特派員辦公處轉知央行按月撥發，迄十月份起又改由財政處接辦。

C. 東北十三個保安區、九個省保安司令部開辦費預算，共列流通券一、三二一萬三、○○○元，經編送行政院核發歸墊。

(2) 代領轉發單位經費預算

A. 警官第五分校及瀋陽防空司令部經臨費預算之核轉。

B. 熱河人民自衛軍李守信部經費糧服，經電准國防部卅六辰文代電復在該部未改編為保安隊以前，已飭第六補給區照自新軍待遇核實補給，所有本行轅墊借之經費，於該部卅五年度九月份改編日起，擬編預算送由第六補給區撥還歸墊，以後經費由本行轅代領轉發。

C. 各蒙旗保安隊為予以維持起見，經核定自六月份起每隊由行轅按月發給經糧補助費流通券伍拾萬元，月共發一、二五○萬元。

（二）計算

(1) 保安部隊各月份經臨費計算正在覆核中，最近即行彙轉行政院核銷。

(2) 警官第五分校、瀋陽防空司令部、熱河人民自衛軍及各蒙旗保安隊等經費計算，已分飭逕行編送矣。

4. 經費收支概況

十三個保安區及九個省保安團隊經費按月由行轅擬定預算，飭財部特派員轉知國庫撥由行轅代領核實轉發，惟五、六、七月份增加給與，因顧慮國庫籌碼困難，即以過去各月份剩餘經費均支未予增額，八月份經費係按實有人馬與現行給與計算領入，所有收支款項與行轅經費同樣保管支付，九月份奉命改編，分別交由第六補給區及行轅政委會接管，惟政委會以九省保安團隊大部縮編，仍要求本處繼續辦理至改編完成時止，故九月份經費仍由本處領發，所有本年度元至八月份區保安團隊、六至九月份省保安團隊經費收支概況如附表。

5. 糧秣籌辦情形及補給概況

（一）軍糧

(1) 十三個區保安團隊：各保安區因係地方部隊，所有官兵皆為東北籍之子弟，慣食高粱，故月需軍糧統按正三什七成核發，由本行轅根據各區編制內實有官兵人數及當月糧價編具預算向中央請撥專款，並先飭東北區財政部特派員辦公處墊撥，交經委會田糧處轉飭各糧食管理局並國軍軍糧處同籌購，撥交第六補給區接收，憑本行轅發糧通知單代為補給，以各籌補機關共同協助，尚能達成補給任務，其領發數量如附表。

⑵九個省保安團隊：各省保安團隊月需軍糧，因糧管局購糧困難，而各省團隊又均係地方部隊，以其各在駐地就地採購且可收價廉物美之效，故一律發給代金，仍援保安區例按正三什七成及調查各省當月糧價，根據各省團隊編制內實有官兵人數編具預算，向中央請撥專款，並先飭由東北區財政部特派員辦公處墊撥，由本行轅領轉，一律發給代金，飭其自行採購，月底檢據核結，亦無貽誤之虞。

（二）眷糧及副秣加給品：十三個保安區、九個省保安團隊之眷糧及副秣加給品，以東北情形特殊，曾經呈請中央核准與國軍同一待遇，故仍由本行轅根據各省區編制內實有官兵人數按照各省當地糧豆鹽價編報預算，向行政院請撥專款，折發代金飭自行採購，其領發數量連同省保安團隊軍糧代金併列如附表。

6. 服裝籌辦情形及補給概況

（一）東北各保安部隊被服原擬交由各地方政府自製，因東北收復伊始，大部土地尚未收復，物資製力均極缺乏，籌辦不易，且十三個保安區係直隸前保安長官部，其糧服等項補給，各地方政府及補給區均不願負擔，故不得已而由本行轅邀集各省及前保安長官部與政委會代表組織保安部隊服裝籌辦委員會（內分籌辦、審核、驗收三組）統籌辦理，以維戰力，但縣屬保安大隊被服仍由各省自辦。迨各保安區改編為暫編師後，本年冬寒服裝之籌補原又擬移交第六補給區接辦，非經數次往返洽移，該區以十餘萬人份冬寒服裝非咄嗟能成，又堅未應允由本行轅製妥後交由該區運發，故仍由本轅統籌製辦，現大部完成並經交由第六補給區運發，各單位著用其籌製及配發數量如附表。

（二）本行轅前直轄各蒙旗部隊及前四個保安總隊等，其夏季服裝統係由本轅向第六補給區請領核實轉發，領發數量詳附表。

三、內匯款審核情形

東北因環境特殊，係使用流通券，與關內幣制有異，所有關內外匯款以經由中央銀行按核定牌價辦理，自卅五年度七月份起因核定牌價發生暗市，各軍政機關及部隊難免乘機套匯，中央銀行竟至窮於應付，請求行轅設法限制，奉指定由行轅及政、經兩委會各主管處組織計政匯款審核小組會，切實負責審核辦理以來，收效甚大，本年九月份以後改由政委會辦理。所有東北各軍事機關、部隊、學校本年度元至八月份審核匯款概況如附表。

四、東北區軍糧籌補情形

東北區國軍需軍糧以中央籌撥運輸俱感困難，故經常糧不能按月撥足，其不足之糧統由中央命令組織成立之軍糧計核委員會（由行轅主任負責主持）負責籌劃撥款，飭由經委會田糧處轉飭各省糧食儲運局分赴各地採購撥交第六補給區所屬兵站倉庫接收，補給所撥糧款由本行轉逕飭央行墊撥，並電請糧食部撥發歸墊，茲將籌辦經過詳情分述如下：

1. 辦理經過

查本區卅五年度（按照糧秣年度自卅五年十月至卅六年九月止為卅五年度）前半年軍糧奉主席戌佳電糧配軍勤主食規定配大米二四萬二、二五〇包，麥三五萬大包，經將麥折成大米為二五萬二、七一〇大包，共計大米四九萬四、九六〇大包；又高粱為三九萬六、〇〇〇大包，折成高粱米二七萬七、二〇〇大包，以六個月平均計算，月約大米八萬二、四九三大包，高粱米四萬六、二〇〇大包，可共五四萬人食用。除高粱米應就地籌購外，米、麥均由皖、浙及國外運濟，嗣以洋麥糧部未能購辦，無法照原案執行，經改定內運米二七萬大包，餘就地籌購，此自三五年十月起至三六年三月止經辦情形。

後半年軍糧，四月份係單獨配辦，照國、糧兩部寅元配軍會銜電規定大米四萬〇、三七五大包，麥五萬八、三三三大包，又高粱六萬六、〇〇〇大包，除滬運米四萬包外，餘就地籌購。查配發數經折成米為四萬二、一一八大包，連同內運數四萬包，為八萬二、一一八包，至高粱亦經折成高粱米四萬六、二〇〇大包，可供五四萬人食用。

五至九月份軍糧准國防、糧食兩部夘諫配軍會銜電規定配大米一六萬六、三一二大包，麥二〇萬八、三三三大包，又高粱米一四萬二、五〇〇大包，由滬運濟大米一〇萬大包，其餘大米六萬〇、三一二大包，及麥折成米一五萬〇、四一二大包，高粱米等均由就地購撥，該項配數經核算五個月平均月約大米六萬二、一四六大包，高粱米二萬八、五〇〇大包，正、什糧共計九萬〇、六四六大包，以大小平均計算可供三八萬人食用，與已往各月配數相較，則月約少配大米二萬〇、三四七包、高粱米一萬七、七〇〇大包，正、什糧共少配三萬八、四〇七大包。惟本區以整軍方案尚未奉實施，軍糧配額難以縮減，兼以東北米麥產區大部淪入匪手，所有接收區又無大量米麥可購，經分別電准國、糧兩部另增配一〇萬人糧計一一萬八、七五〇大包（內運六萬包，其餘五萬八、七五〇大包係折發代金，迄未撥到，本行轅已電復請仍改運現品，尚未准復），滬運糧亦由一〇萬包改為四至六月份每月以四萬包，七至九月份各以六萬包運濟。然此項配數核與實際受補人數仍相差甚鉅，本處爰針對事實需要並為使補給區免於貽誤計，經簽奉前主任熊飭前經委會仍遵照主席蔣戌佳電規定上半年度各月份配數（五四萬人糧），減除實際內運數購撥（購糧情形容後再述），同時並電請主席蔣及國、糧兩部再增撥糧，元至五、九月份受補人數以據人事審查小組審查結果，平均月為五二萬三、四八二人（五月五二萬五、三三一人，六月五〇萬三、八〇八人，七月四八萬七、〇四六人，八月五二萬八、八五七人，九月五七萬二、三六九人）。嗣奉主席蔣戌刪府交電指復每月超補四萬餘人，已令行政院特予設法准實報實銷，此為五至九月份辦理經過情形。

2. 籌辦情形

查本區軍糧來源一部由滬運濟，一部由就地購撥，卅五年全年度（卅五年十月至卅六年九月）共計配購大米八八萬八、二〇三大包、高粱米四六萬五、九〇〇大包（詳附表），共三九〇億六、三七一萬七、九七五元（月份無法分別），款由本行轅核飭陳特派員墊借，交由經委會分配各糧局領用購辦，至購到若干及款若干，須待各糧局與補區會算後始可明瞭，本轅迭電飭辦均未據復，目前無法詳列。

3. 內運情形

東北產米不豐，而國軍需要甚多，計月約需大米八萬二、四九三包、高粱米四萬六、二〇〇大包，大米部份原擬請求中央全部運濟，而糧部因國外購糧未成，不允照辦，僅按月撥補一部，計十至十二月各運五萬包，一至七月各運四萬包，七至九月各按六萬包運濟（詳附表），其餘就地籌購。查各月內運情形，糧數既少且不能及時運補，補給常虞中斷，此點亦有電請中央改善，以上內運糧情形。

4. 屯儲情形

本區自五月中旬奸匪發動第五次攻勢，本（瀋）市即準備屯糧一個月，於五月廿五日令飭經委會及糧儲局在五月卅日以前按戌佳電人數屯足大米八萬四、二九二大包、什糧四萬四、二〇〇大包。嗣於五月卅日本轅召開緊急軍糧會議，為適應當前軍事需要，決定按瀋市配備守軍二四萬七、六三三人改配二個月緊急屯糧，計大米一三萬八、九五七大包、什糧一一萬五、七二八大包，共約二六萬大包。除補區原有屯糧三萬五、〇〇〇大包，經委會糧局二萬五、〇〇〇包，後六月份可能內運大米四萬包，總共一〇萬大包，全部抵作屯糧外，尚欠屯一六萬大包，飭由經委會糧儲局負責購補，限定一月完成。本行轅綜理計劃監督指導，其間經三次檢討，因事實困難，五次展限，直至七月十七日一六萬大包屯糧始告完成。當時因適應緊急情況不得不有此緊急措施，嗣經計核會決定並准糧部午艷配軍電屯糧一六萬包改為經常糧。

五、東北區國軍服裝改進指導概要

國軍所需冬夏被服及裝具，均係由第六補給區負責補給，但為使補給圓滑並切合實際起見，隨時由本行轅予以督導協助，尤其關於防寒服裝需用皮張，以收購困難，迭經本轅轉飭各省市政府派員協助購買，並適時加以指導。再防寒服裝之製作，亦迭經本行轅根據實際需要建議改進，例如本年度冬寒服裝之制式，製作要點，及給與規定，即經先行製成標樣，迭與各部隊長及補給區瀋陽被服總廠等單位根據上年實際使用情形研究改良。

六、馬騾購補概況

奉主席丑魚府機電飭設法購補東北各運輸部隊馬騾一一、二四五匹，行政院亦發款流券一億元飭購各保安團隊馬騾，當即分飭東北保安司令長官部及第六補給區飭查報各部隊待補數量。孫長官部五月十日表報各部隊待補馬騾共為二〇、三三八匹，復經往復徵詢東北區馬政場所管理處及有關馬政機關與地方政府意見，擬訂東北各運輸部隊、保安團隊馬騾徵購配補辦法，於六月一日通飭遵照其要點如次：

1. 遵照主席電令額徵購，照長官部表列待補數比例配補。
2. 為顧慮國庫負擔與人民艱苦，所定價格較市價略低，但以被徵馬騾一匹最少可以購回健驢一匹為原則。
3. 款發交受補部隊駐在省政府負責徵購，以免擾民。
4. 驗收由第六補給區與東北馬政場所管理處共同負責。
5. 債款結報由第六補給區負責。

上項辦法頒布後，因銀行頭寸不裕，又奉命暫從緩議，遵即以巳魚電通飭遵照，爾後各部隊因作戰需要請求補充，即逐案簽請主任或參謀長核定，交本處承辦。截至九月止除已遵按主席飭購之一一、二四五匹如數配購外，並已增配一、四八〇匹，但保安團隊所需馬騾，前主任熊為顧慮零星搶購，徒然抬高馬價，飭先儘部隊，次及團部，因是尚未著手，於九月末奉命併所收奉發價款一億元全案移交補給區接辦。

七、新兵安徵費核發概況

1. 辦理情形

（一）徵補保安部隊新兵安家費、徵集費，原無規定，迄本年十月始准國防部酉支成牒堂代電復以「奉准由徵額內撥補保安部徵等費應予照發」，本轅即以酉銑需預代電轉飭遵辦。去後除熱河、吉林兩省徵集新兵共領出流通券八四八萬三、七五〇元，如附表外，其餘各省尚未具領。至發交各接兵部隊之旅雜費（徵集費內百分之四十），截至現時止已有十一個保安區、兩個省保安司令部共領出流通券一、〇四一萬〇、九六〇元，如附表。

（二）徵補正規軍新兵安徵費經先後飭央行撥發流通券四億七、八八〇萬四、〇〇〇元交第六補給區代領轉發，據報已如數發訖。

（三）新兵督徵費共國幣九、五一〇萬四、〇〇〇元，及體格檢查費共國幣四億元，分別詳附表，均係由聯勤總部逕匯第六補給區轉發。

（四）補發卅五年度新兵安家費（原發二、〇〇〇元，補發三、〇〇〇元），由聯勤總部撥匯第六補給區轉交本行轅流通券二億三、四四五萬三、〇〇〇元，經以未東需一預代電轉飭具領，除熱河、遼北兩省政府共領出流通券五、六九九萬七、〇〇〇元，如附表外，餘均未領。

2. 給與規定

（一）安家費每名券幣五千元。

（二）徵集費每名券幣一千元（縣或市百分之三十，鄉或鎮百分之廿，新兵大隊百分之四十，省政府百分之五，中央留用百分之五）。

（三）體格檢查費每名國幣五千元（發交省政府）。

（四）新兵督徵費

(1) 省政府每名國幣五百元。

(2) 師管區每名國幣一千二百元。

(3) 團管區每名國幣七百元。

三十六年全年度本行轅經費收支概況表

中華民國 36 年 1 月 1 日起至 36 年 12 月 31 日止

科目	摘要	金額		
		領入數	支出數	餘額
本行轅經費	元月份	18,063,071.00	29,547,506.20	-11,484,435.20
	二月份	22,279,416.00	28,841,164.78	-65,617,48.78
	三月份	22,279,416.00	36,774,299.91	-14,494,883.91
	四月份	22,279,416.00	29,916,674.34	-7,637,258.34
	五月份	27,429,466.00	46,414,824.10	-18,985,358.10
	六月份	28,212,075.00	51,410,966.20	-23,198,891.20
	七月份	32,281,507.00	65,876,349.29	-33,594,842.29
	八月份	43,018,801.00	116,423,883.04	-73,405,082.04
	九月份	51,478,261.00	46,786,165.00	4,692,096.00
	十月份	102,649,462.00	89,129,015.56	13,520,446.44
	十一月份	104,924,938.00	121,198,631.00	-16,273,693.00
	十二月份	104,924,938.00	140,035,880.82	-35,110,942.82
	合計	579,820,767.00	802,355,360.24	-222,534,593.24

三十六年全年度所屬單位經費收支概況表

中華民國 36 年 1 月 1 日起至 36 年 12 月 31 日止

科目	摘要	金額		
		領入數	支出數	餘額
所屬單位經費	元月份	21,295,374.00	17,322,553.00	3,972,821.00
	二月份	20,986,988.00	19,559,828.10	1,427,159.90
	三月份	20,986,988.00	15,102,266.91	5,884,721.09
	四月份	20,986,988.00	17,386,245.00	3,600,743.00
	五月份	34,422,426.00	34,065,657.52	358,602.48
	六月份	34,422,426.00	37,868,951.00	-3,444,691.00
	七月份	34,422,426.00	38,319,625.43	-3,895,365.43
	八月份	68,746,056.00	66,602,210.74	2,143,845.26
	九月份	188,319,759.00	143,329,173.71	44,990,585.29
	十月份	186,044,061.00	176,137,738.00	9,906,323.00
	十一月份	124,718,132.00	103,221,457.00	21,496,675.00
	十二月份	129,015,497.00	98,885,395.60	30,130,101.40
	合計	884,372,623.00	767,801,102.01	116,571,520.99

三十六年度全年度專業臨時費收支概況表

中華民國 36 年 1 月 1 日起至 36 年 12 月 31 日止

費別	金額		
	領入數	支出數	餘額
三十五年度應繳款結轉	37,338,022.50		37,338,022.50
囚犯副食	2,656,128.41	2,865,428.41	-209,300.00
大宗修繕費		23,325,650.00	-23,325,650.00
大宗旅費		17,020,783.25	-17,020,783.25
大宗購置費		138,580,62.61	-13,858,062.61
資遣費	1,288,224.00	6,678,789.23	-5,390,565.23
軍事法庭印判決書		1,200,000.00	-1,200,000.00
特恤金		2,008,704.00	-2,008,704.00
受訓旅費		518,480.00	-518,480.00
軍校見習官薪俸		801,000.00	-801,000.00
作戰獎金		20,000,000.00	-20,000,000.00
照像器材空運費		356,250.00	-356,250.00
取締軍服製販廣告費		554,946.00	-554,946.00
印密電本	562,500.00	562,500.00	
保安部隊編練處資遣費		5,804,515.00	-5,804,515.00
本行轅編餘官佐資遣費		28,371,161.00	-28,371,161.00
匪俘資遣費		5,344,300.00	-5,344,300.00
憲六團押解犯人旅費		370,000.00	-370,000.00
港口檢查所保管公物人員經費	1,506,433.00	1,506,433.00	
送國防部核用人員薪		11,919,000.00	-11,919,000.00
諜報組便衣費		4,200,000.00	-4,200,000.00
諜報費	3,130,436.00	3,913,040.69	-782,604.69
新聞事業費	2,739,135.00	2,608,700.00	130,435.00
大宗購置費		27,114,958.00	-27,114,958.00
大宗修繕費		33,160,075.00	-33,160,075.00
大宗旅運費		18,677,868.62	-18,677,868.62
大宗印刷費		49,058,146.00	-49,058,146.00
作戰檢討會議費		7,500,000.00	-7,500,000.00
保安部隊新兵安家徵集費		63,966,600.00	-63,966,600.00
超支電報費		76,502,860.00	-76,502,860.00
合計	49,220,878.91	429,768,250.81	-380,547,371.90

經理處三十六年十二個月份糧秣年報表

三十六年十二月二十七日製表（單位：市斤）

品名	上年結存	本年收入	本年發出	本年損失	本年結存
大米	234,538.08	3,497,086.00	3,337,256.05		394,368.03
高米	5,609.00	3,002,077.15	2,996,621.10		110,65.05
麵粉	113,184.14	1,151,237.01	1,172,664.10		91,757.04
小米	131,191.08	400,167.10	479,790.02		51,569.00

附記　1. 主食「軍糧」

糧秣收支對照表（主食）

中華民國 36 年 1 月 1 日起至 12 月 31 日止

12 個月份大米（個位數：斤，百分位：兩）

摘要	收入	付出
35 年結轉	234,538.08	
元月份	510,601.00	482,696.15
二月份	83,912.00	133,505.10
三月份	180,415.15	175,681.01
四月份	148,159.00	65,250.15
五月份	154,268.04	105,555.02
六月份	161,141.10	116,637.05
七月份	321,575.10	156,919.03
八月份	758,481.15	1,261,546.00
九月份	774,508.00	515,234.15
十月份	148,711.00	168,973.09
十一月份	59,651.04	52,715.09
十二月份	202,661.00	108,540.01
合計	3,731,624.08	3,337,256.05
結存		394,368.03

12 個月份麵粉（個位數：斤，百分位：兩）

摘要	收入	付出
35 年結轉	113,184.14	
元月份	216,949.00	172,717.10
二月份	137,637.00	86,909.01
三月份	315,295.00	331,169.12
四月份	50.02	75,159.02
五月份	2,892.08	36,430.11
六月份	2,832.00	2,333.09
七月份	5,079.07	57,506.06
八月份	281,771.00	301,389.10
九月份	26,912.00	1,186.00
十月份	21,157.00	1,704.14
十一月份	140,662.00	97,344.01
十二月份		8,807.15
合計	1,264,421.15	1,172,664.11
結存		91,757.04

12 個月份高粱米（個位數：斤，百分位：兩）

摘要	收入	付出
35 年結轉	5,609.00	
元月份	618,816.00	559,066.00
二月份	169,418.00	147,281.00
三月份	403,628.00	441,509.15
四月份	60,587.00	60,744.05
五月份	67,250.00	49,453.14
六月份	70,227.00	56,037.08
七月份	706,920.12	711,031.08
八月份	428,971.02	498,729.13
九月份	371,046.00	261,714.03
十月份	103,548.01	84,034.05
十一月份	1,666.00	75,300.13
十二月份		51,718.06
合計	3,007,686.15	2,996,621.10
結存		11,065.05

12 個月份小米（個位數：斤，百分位：兩）

摘要	收入	付出
35 年結轉	13,2191.08	
元月份		42,103.07
二月份	1,297.10	7,849.11
三月份	648.11	2,528.01
四月份		26,757.10
五月份		38,401.10
六月份		1,406.13
七月份	70,403.06	15,445.07
八月份	269,815.15	335,200.07
九月份	5,800.00	
十月份		
十一月份		
十二月份		10,097.00
合計	532,359.02	479,790.02
結存	52,569.00	

三十六年度眷糧收支報告

月	收入數		支出數		結存數	
別	大米	麵粉	大米	麵粉	大米	麵粉
8	81,700.00		68,000.00		13,700.00	
9	10,200.00	1,510,500.00	10,200.00	38,524.00		112,526.00
10		87,975.00		79,183.10		8,791.06
11		70,975.00		54,720.01		16,254.15
12		67,975.00		10,300.00		57,675.00
計		377,975.00	78,200.00	182,727.11	13,700.00	195,247.00

三十六年全年度本行轅及所屬單位副食馬秣收支概況表
中華民國 36 年 1 月 1 日起至 36 年 12 月 31 日止

科目	摘要	金額		
		領入數	支出數	餘額
副秣費	元月份	5,366,000.00	4,279,713.68	1,086,286.32
	二月份	5,366,000.00	4,538,921.36	827,078.64
	三月份	5,366,000.00	4,302,949.37	1,063,050.63
	四月份	7,981,400.00	6,025,011.30	1,956,388.70
	五月份	9,225,750.00	7,128,743.88	2,097,004.12
	六月份	10,468,000.00	8,821,886.50	1,646,113.50
	七月份	19,677,500.00	16,413,266.79	3,264,233.21
	八月份	25,590,000.00	18,543,677.40	7,046,322.60
	九月份	95,046,000.00	62,093,000.00	32,953,000.00
	十月份	44,091,000.00	29,598,073.00	14,492,927.00
	十一月份	20,823,500.00	18,383,800.00	2,439,700.00
	十二月份	29,613,500.00	25,771,000.00	3,842,500.00
	合計	278,614,652.00	205,900,047.28	72,714,604.72

三十六年度副秣品收支報告表

項目	月別	收入數	支出數	結存數
大豆	4	12,427.00	12,427.00	0.00
	5	30,774.00	27,049.04	3,724.12
	6	29,782.00	26,264.11	3,517.05
	7	65,881.00	37,975.13	27,894.03
	8	65,881.00	34,265.14	27,905.03
	9	55,372.00	19,336.00	21,106.02
	10	18,653.00	18,178.04	-683.00
	11	15,653.00	11,207.08	-2,567.04
	12	11,822.00	37,986.00	614.08
		306,203.00	224,691.03	81,511.13
食鹽	4	7,303.00	7,303.00	0.00
	5	12,629.00	11,182.08	1,446.08
	6	12,218.00	10,789.15	1,428.01
	7	14,350.00	13,172.11	1,285.00
	8	14,350.00	13,065.00	1,177.05
	9	18,487.00	12,858.00	5,629.00
	10	10,649.00	4,991.15	5,657.01
	11	3,902.08	4,849.05	-946.13
	12	2,932.00	2,914.00	18.00
		96,820.08	81,126.06	15,694.02
豆餅	4	201,510.00	201,510.00	0.00
	5	236,964.00	211,296.00	25,688.00
	6	229,320.00	204,480.00	24,840.00
	7	208,229.00	208,227.00	
	8	208,207.00	208,227.00	
	9			
	10			
	11			
	12			
		1,084,248.00	1,033,740.00	50,508.00

三十六年度領發官佐士兵夏服統計表

品名	單位	請領數量	配發數量	現存數量	備考
官佐企領夏服	套	1,293	1,277	16	
官佐長袖長褲反領夏服	套	1,282	1,277	5	
官佐短袖短褲反領夏服	套	1,282	1,277	5	
官佐軟帽	頂	1,292	1,277	16	
官佐硬帽	頂	1,293	1,277	16	
官佐綁腿	付	1,282	1,277	5	
官佐雨衣	件	423	280	143	
官佐膠鞋	雙	6,803	6,786	17	本年夏服由第六補給區發給官佐膠鞋線襪各一雙士兵膠鞋線襪各兩雙合如上列
官佐線襪	雙	3,784	3,778	6	
士兵草黃單軍衣褲	套	2,951	2,928	23	
士兵長袖長褲反領夏服	套	2,962	2,928	34	
士兵短袖短褲反領夏服	套	2,962	2,928	34	
士兵硬帽	頂	2,951	2,928	23	
士兵軟帽	頂	2,951	2,928	23	
士兵綁腿	付	2,931	2,928	3	
士兵面巾	條	3,091	2,928	163	
乘鞍	付	22	22	0	發警衛團用
鋼盔	個	1,100	1,100	0	發警衛團用
襯帽					

卅六年度配發本轅各單位官佐冬寒服裝統計表

品名 數量 單位	黃綿衣褲	黃綿軍帽	羊毛背心	棉鞋	棉襪	毛襪
主任辦公室	107	107	107	107	107	107
第一處	67	67	67	67	67	67
第二處	85	85	85	85	85	85
第三處	60	60	60	60	60	60
第四處	55	55	55	55	55	55
總務處	121	121	121	121	121	121
經理處	82	82	82	82	82	82
衛生處	24	24	24	24	24	24
軍法處	34	34	34	34	34	34
工指部	21	21	21	21	21	21
道指部	16	16	16	16	16	16
砲指部	10	10	10	10	10	10
新聞處	110	110	109	109	109	109
參謀長室	4	4	4	4	4	4
高參室	66	66	66	66	66	66
羅副主任室	6	6	6	6	6	6
鄭副主任室	7	7	7	7	7	7
監察組	8	8	8	8	8	8
秘書室	4	4	4	4	4	4
軍官隊	6	6	6	6	6	6
畢業生調查處	5	5	5	5	5	5
第二處無線電支台	8	8	8	8	8	8
中訓團	450	450		450	450	450
第一督訓處	14	14				
軍樂隊	91	91	91	91	91	91
諜報組	40	40		40	40	40
警衛組	12	12		12	12	12
警衛團	137	137		137	137	137
合計	1,642	1,642	988	1,627	1,627	1,627

卅六年度配發本轅各單位官佐冬寒服裝統計表（續）

品名／數量／單位	綿襪	毛巾	風鏡	口罩	將官皮大衣
主任辦公室	107	107	107	107	4
第一處	67	67	67	67	1
第二處	85	85	85	85	15
第三處	60	60	60	60	60
第四處	55	55	55	55	3
總務處	121	121	121	121	2
經理處	82	82	82	82	2
衛生處	24	24	24	24	1
軍法處	34	34	34	34	2
工指部	21	21	21	21	1
道指部	16	16	16	16	1
砲指部	10	10	10	10	1
新聞處	109	109	109	109	1
參謀長室	4	4	4	4	2
高參室	66	66	66	66	6
羅副主任室	6	6	6	6	1
鄭副主任室	7	7	7	7	1
監察組	8	8	8	8	1
秘書室	4	4	4	4	1
軍官隊	6	6	6	6	
畢業生調查處	5	5	5	5	
第二處無線電支台	8		8	8	
中訓團	450	450			
第一督訓處					
軍樂隊	91		91	91	
諜報組	40				
警衛組	12	12	12	12	
警衛團	137	137			
合計	1,627	1,488	1,000	1,000	34

卅六年度配發本轅各單位官佐冬寒服裝統計表（續）

品名／數量／單位	將官皮軍帽	毡鞋	防寒大手套	將官風鏡	美毯大衣
主任辦公室	4	3	3	3	82
第一處	1	1	1	1	38
第二處	1	1	1	1	46
第三處	60	2	2	2	35
第四處	3	3	2	3	33
總務處	2	2	2	2	43
經理處	2	2	2	2	11
衛生處	1	1	1	1	18
軍法處	2	2	2	2	1
工指部	1	1	1	1	20
道指部	1	1	1	1	
砲指部	1	1	1	1	9
新聞處	1	1	1	1	109
參謀長室	2	2	2	2	
高參室	6	6	6	6	23
羅副主任室	1	1	1	1	2
鄭副主任室	1	1	1	1	
監察組	1	1	1	1	8
秘書室	1	1	1	1	
軍官隊					
畢業生調查處					5
第二處無線電支台					8
中訓團					
第一督訓處					
軍樂隊					
諜報組					
警衛組					
警衛團					
合計	34	33	33	33	491

附記　本表按照截至十二月底實發數量統計，惟因繼續支發，內中尚有一部份未開通知單記賬，故與月報表數目不符。

經理處卅六年度配發本轅各單位官佐美式服裝數量統計表

品名／數量／單位	造毛	大克	小克	呢上衣	呢褲	睡袋
主任辦公室	49	46	2	52	52	53
第一處	34	26	7	33	33	33
第二處	28	22	6	28	28	28
第三處	22	14	8	22	22	21
第四處	21	17	4	21	21	21
總務處	18	14	4	18	18	18
經理處	11	9	2	11	11	12
軍法處	2		2	2	2	2
衛生處	8	1	1	8	8	8
新聞處	60		60	60	60	60
工指部	7	4	3	7	7	7
砲指部	8	6	2	8	8	8
高參室	19	8	11	19	19	20
監察組	8		8	8	8	8
參謀長室	2	1	1	2	2	2
道指部	1	1		1	1	1
秘長室	4	4		4	4	4
參議室	2	2		2	2	2
調查組	1	1		1	1	1
合計	305	182	121	307	307	309

經理處卅六年度配發本轄各單位官佐美式服裝數量統計表（續）

單位＼數量＼品名	白內衣	白內褲	毛面巾	睡帽	風帽
主任辦公室	52	52	53	53	53
第一處	33	33	33	34	34
第二處	28	28	28	28	28
第三處	23	23	22	23	23
第四處	21	21	21	21	21
總務處	18	18	18	18	18
經理處	12	12	11	12	12
軍法處	2	2	2	2	2
衛生處	8	8	8	8	8
新聞處	60	60	60	60	60
工指部	7	7	7	7	7
砲指部	8	8	8	8	8
高參室	20	20	19	20	20
監察組	8	8	8	8	8
參謀長室	2	2	2	2	2
道指部	1	1	1	1	1
秘長室	4	4	4	4	4
參議室	2	2	2	2	2
調查組	1	1	1	1	1
合計	310	310	308	312	312

經理處卅六年度配發本轅各單位官佐美式服裝數量統計表（續）

品名／數量／單位	雪■	毛襪	內手套	外手套	■■
主任辦公室	53	53	53	53	1
第一處	34	34	34	34	
第二處	28	28	28	28	
第三處	23	23	23	23	1
第四處	21	21	21	21	1
總務處	18	18	18	18	2
經理處	12	12	12	12	1
軍法處	2	2	2	2	
衛生處	8	8	8	8	
新聞處	60	60	60	60	
工指部	7	7	7	7	
砲指部	8	8	8	8	
高參室	20	20	20	20	1
監察組	8	8	8	8	
參謀長室	2	2	2	2	
道指部	1	1	1	1	
秘長室	4	4	4	4	
參議室	2	2	2	2	
調查組	1	1	1	1	
合計	312	312	312	312	

經理處卅六年配發各單位士兵冬服統計表

品名／數量／單位	士兵黃棉衣褲	士兵棉帽	絲棉背心	綁腿	膠底棉鞋
警衛團	2,482	2,482	2,482	2,482	2,482
警衛第二團	2,646	2,646	2,646	2,646	2,646
總務處	2	2		2	
第一軍官隊	11	11		11	11
總務處	313	313		313	313
第二處無線電支台	3	3		3	3
總務處	79	79		79	79
經理處	26	26		26	26
政委會	166	166		166	
青訓所	20	20		20	20
總務處	34	34		34	34
主任辦公室	13	13		13	13
二處警衛組	29	29		29	29
■營處	10	10		10	
警衛團	79	79	79	79	79
畢業生調查處	2	2			2
監查組	10	10	10	10	10
合計	5,925	5,925	5,217	5,923	5,747

經理處卅六年配發各單位士兵冬服統計表（續）

數量 品名 單位	棉襪	線襪	毛襪	毛巾
警衛團	2,482	2,482		
警衛第二團	2,646	2,646		
總務處				
第一軍官隊	11	11	11	
總務處	313	313	313	
第二處無線電支台	3	3	3	3
總務處	79	79	79	
經理處	26	26	26	26
政委會				
青訓所	20	20	20	20
總務處	34	34	34	
主任辦公室	13	13	13	
二處警衛組	29	29	29	
■營處				
警衛團	79	79		
畢業生調查處	2	2		2
監查組	10	10	10	
合計	5,747	5,747	538	51

三十六年度元至八月份保安區經費收支概況表

中華民國 36 年 1 月 1 日起至 36 年 12 月 31 日止

科目	摘要	金額		
		領入數	支出數	餘額
保安區經費	元月份	224,000,000.00	184,756,339.86	29,243,660.14
	二月份	324,000,000.00	260,832,984.13	63,167,015.87
	三月份	424,000,000.00	291,746,554.20	132,253,445.80
	四月份	427,008,075.00	316,179,670.00	110,828,405.00
	五月份	427,008,075.00	479,767,800.00	-52,759,705.00
	六月份	427,008,075.00	488,993,299.00	-61,985,224.00
	七月份	427,008,075.00	441,402,069.00	-14,393,994.00
	八月份	801,905,238.00	726,065,383.00	75,839,855.00
	合計	3,481,937,538.00	3,189,744,079.19	292,193,458.81

三十六年度元至九月份各省保安部隊經費收支概況表

中華民國 36 年 1 月 1 日起至 36 年 12 月 31 日止

科目	摘要	金額		
		領入數	支出數	餘額
各省保安部隊經費	元月份	20,000,000.00	157,033,366.00	42,966,634.00
	二月份	296,000,000.00	205,543,120.56	90,546,879.44
	三月份	296,000,000.00	209,147,425.80	86,852,574.20
	四月份	296,877,202.00	188,821,776.00	108,055,426.00
	五月份	296,877,202.00	257,804,821.00	39,072,381.00
	六月份	296,877,200.00	240,742,936.00	56,134,264.00
	七月份	296,877,200.00	248,517,738.00	48,359,462.00
	八月份	416,892,573.00	357,980,826.00	58,911,747.00
	九月份	411,851,924.00	378,564,356.00	33,287,568.00
	合計	2,808,253,301.00	2,244,066,365.36	564,186,935.64

糧秣收支對照表保安部隊部份

中華民國 36 年 1 月 1 日起至 36 年 12 月 31 日止

8 個月份大米（個位數：斤，百分位：兩）

摘要	收入	付出
元月份	659,722.00	659,722.00
二月份	556,500.00	556,500.00
三月份	753,100.00	753,100.00
四月份	870,397.00	870,397.00
五月份	2,082,169.00	2,082,169.00
六月份	839,723.00	839,723.00
七月份	818,900.00	590,300.00
八月份	147,073.12	275,745.04
合計	6,727,584.12	6,627,656.04
本月結存		99,928.08

一、各保安區自卅五年八月起至卅六年八月止由本行轅補給，自九月份改由補給區補給。

二、表列結存數正洽交補給區中。

8 個月份麵粉（個位數：斤，百分位：兩）

摘要	收入	付出
五月份	154,346.00	154,346.00
六月份	40,794.08	20,312.08
合計	195,140.08	174,658.08
本月結存	20,482.00	

8 個月份高粱米（個位數：斤，百分位：兩）

摘要	收入	付出
一月份	1,365,000.00	1,365,000.00
二月份	1,453,600.00	1,453,600.00
三月份	1,755,800.00	1,755,800.00
四月份	2,008,141.00	2,008,141.00
五月份	3,678,622.00	3,678,622.00
六月份	1,598,700.00	1,598,700.00
七月份	70,200.00	70,200.00
八月份	91,607.50	787,227.07
合計	13,477,938.09	13,349,090.07
本月結存		128,848.02

4 個月份□□（個位數：斤，百分位：兩）

摘要	收入	付出
元月份	290,000.00	290,000.00
五月份	245,001.12	245,001.12
七月份	986,200.00	679,400.00
八月份	154,850.00	461,650.00
合計	1,676,051.12	1,676,051.12

東北剿匪總司令部三十六年度元至九月份各省各區保安部隊主副食馬秣費收支概況表

中華民國 36 年 1 月 1 日起至 36 年 12 月 31 日止

科目	摘要	金額		
		領入數	支出數	餘額
保安部隊主副食馬秣費	元月份	242,143,300.00	159,488,783.84	82,654,516.16
	二月份	242,143,300.00	130,391,924.22	111,751,375.78
	三月份	242,143,300.00	178,988,863.00	63,154,437.00
	四月份	240,822,900.00	230,965,723.00	9,857,177.00
	五月份	705,443,420.80	376,274,753.20	329,168,667.60
	六月份	766,061,398.00	503,147,022.75	262,914,375.25
	七月份	849,193,524.50	511,588,018.50	337,605,506.00
	八月份	1,051,883,906.25	1,095,497,617.50	-43,613,711.25
	九月份	775,942,295.00	735,293,562.00	40,648,733.00
	合計	5,115,777,344.55	3,921,636,268.01	1,194,141,076.54

經理處三六年度配發保安部隊夏服統計表

數量 品名 單位	官佐被服			
	軍常服	軍便服	軟帽	綁腿
第一區保安令部	430	860	430	430
第二區保安令部	465	911	446	9,731
第三區保安令部		416	416	416
第四區保安令部	436	872	436	436
第五區保安令部	403	806	403	403
第六區保安令部	420	840	420	420
第七區保安令部	469	938	416	416
第八區保安令部	445	890	445	445
第九區保安令部	469	938	469	469
第十區保安令部	468	936	468	468
第十一區保安令部	459	918	459	459
第十二區保安令部	469	938	469	469
第十三區保安令部	529	1,058	529	529
遼寧省保安司令部	249	498	249	249
遼北省保安司令部	308	616	308	308
安東省保安司令部	300	600	300	300
吉林省保安司令部	309	618	309	309
松江省保安司令部	205	410	205	205
合江省保安司令部	190	380	190	190
黑龍江省 保安司令部	140	267	127	127
嫩江省保安司令部	208	416	208	208
興安省保安司令部	205	410	205	205
合計	7,576	15,536	7,907	7,907

經理處三六年度配發保安部隊夏服統計表（續）

品名 數量 單位	士兵被服			
	軍常服	軍便服	軟帽	綁腿
第一區保安令部	7,205	14,410	7,205	7,205
第二區保安令部	9,731	17,860	9,731	9,731
第三區保安令部		7,215	7,215	7,215
第四區保安令部	7,513	13,526	7,513	7,513
第五區保安令部	10,180	10,180	7,125	7,125
第六區保安令部	7,199	14,398	7,199	7,199
第七區保安令部	7,060	14,120	7,060	7,060
第八區保安令部	7,256	14,430	7,256	7,256
第九區保安令部	7,215	14,430	7,215	7,215
第十區保安令部	2,452	14,662	7,452	7,452
第十一區保安令部	7,215	14,430	7,215	7,215
第十二區保安令部	7,215	14,430	7,215	7,215
第十三區保安令部	7,233	14,448	7,233	7,233
遼寧省保安司令部	3,783	7,566	3,783	3,783
遼北省保安司令部				
安東省保安司令部	3,700	6,600	3,700	3,700
吉林省保安司令部	3,742	7,484	3,742	3,742
松江省保安司令部	1,926	3,852	1,926	1,926
合江省保安司令部	2,085	2,977	2,085	2,085
黑龍江省保安司令部	2,163	4,170	2,163	2,163
嫩江省保安司令部	1,265	2,530	1,265	1,265
興安省保安司令部	2,085	4,170	2,085	2,085
合計	116,812	225,071	120,972	120,972

經理處三六年度配發保安部隊夏服統計表（續）

品名／數量／單位	被服				
	膠鞋	線襪	面巾	軍毯	皮袱包
第一區保安令部	12,635	12,635	15,270	2,900	
第二區保安令部	14,477	14,477	15,877	2,900	
第三區保安令部	7,631	7,631	7,631	2,900	
第四區保安令部	13,349	13,349	7,949	2,900	
第五區保安令部	12,028	10,986	10,458	2,900	
第六區保安令部	13,219	13,219	15,238	2,900	
第七區保安令部	11,916	111,916	12,529	2,900	
第八區保安令部	12,090	12,201	7,590	2,900	
第九區保安令部	11,684	11,684	15,368	2,900	
第十區保安令部	14,420	14,420	6,083	2,900	
第十一區保安令部	12,274	12,274	15,348	2,900	
第十二區保安令部	12,184	12,184	14,899	2,900	
第十三區保安令部	13,762	13,762	15,506	2,900	
遼寧省保安司令部	8,032	8,032	8,064	3,150	3,400
遼北省保安司令部					
安東省保安司令部	6,900	6,900	7,200	1,450	
吉林省保安司令部	5,051	8,051	8,102	1,450	
松江省保安司令部	3,931	3,931	4,262	1,750	1,800
合江省保安司令部	3,275	3,275	2,275	1,700	1,800
黑龍江省保安司令部	3,410	3,410	3,250	800	
嫩江省保安司令部	2,873	2,873	2,946	800	
興安省保安司令部	2,990	2,990	4,580	800	
合計	201,888	200,957	211,893	52,750	10,400

經理處三六年度配發保安部隊夏服統計表（續）

單位 \ 數量 \ 品名	裝具								
	乾糧袋	水壺	炒米袋	槍背皮	子彈帶	手彈帶	膠皮帶	刺刀插	行軍鍋灶
第一區保安令部			2,500	500	1,032	1,832			
第二區保安令部			2,500	500	32	832	2,632		
第三區保安令部			2,500						
第四區保安令部			2,500	500	32	32			
第五區保安令部			2,500	700					
第六區保安令部			2,500	2,600	1,432	1,832			
第七區保安令部	3,650	3,650	2,500	1,500	2,532	2,532	6,500	2,000	100
第八區保安令部			2,500	1,500	2,132	2,132	2,600		50
第九區保安令部	3,650	3,650	2,500	1,400	2,500	2,500	6,815		108
第十區保安令部			2,500	600	2,332	2,332	500		
第十一區保安令部			2,500				1,200		100
第十二區保安令部			2,500	600	2,500	3,100			110
第十三區保安令部			2,500	1,100	200	800	900		108
遼寧省保安司令部	1,300		1,500						
遼北省保安司令部			1,500						
安東省保安司令部			1,500	1,000	81	81			
吉林省保安司令部			1,500	1,000	1,330	1,330			
松江省保安司令部	600		1,000						
合江省保安司令部	600		1,000	700	34	34			
黑龍江省保安司令部			1,000	700	710	706	400		
嫩江省保安司令部			1,000	700	706	706			
興安省保安司令部			1,000	700	706	706	1,000		
合計	11,100	7,300	4,100	16,300	18,291	21,487	22,551	2,000	576

各保安部隊冬服裝具配發統計表

品種／區分／部隊	被服							
	官棉衣褲	官棉帽	官綁腿	兵棉衣褲	兵棉帽	兵綁腿	棉大衣	棉被
五〇	500		7,500	4,719	4,719	4,719	1,358	3,448
五一				3,883	2,300	3,883	924	
五二	34	34	34	2,684	6,184	2,684	300	3,600
五三	400		400	6,100		5,100	2,000	4,400
五四	485	485	485	7,154	4,054	7,154	3,000	4,500
五五	600		500	5,641	5,641	5,641	5,487	3,228
五六	500		400	12,405	6,605	13,100	2,300	5,000
五七				3,707	3,707	3,707	2,500	2,400
五八	514	514	514	7,031	6,231	7,031	4,500	2,000
五九	600	600	600	7,233	6,700	6,700	3,000	6,500
六〇	582		582	6,591	6,591	6,591	1,000	1,000
合計	4,215	1,633	4,015	62,148	47,732	66,310	26,369	36,076
遼寧	203			2,073	1,313	2,276	300	1,200
遼北	203			3,261	2,276	4,276	800	500
安東	17	17	17	125	125	125	142	
松江	17	17	17	126	126	126		
嫩江	205	905	205	2,085	2,085	2,085		
吉林	203	203	203	2,073	2,073	2,073		15
合江				41	41	41	41	
黑江	1			40	41	41	41	
興安								
開原大隊				150	150	150		
六補區	267	267	243	29,711	19,527	25,590	4,091	9,176
合計	1,116	709	685	39,685	27,757	36,783	5,415	10,891
總計	5,331	2,342	4,700	106,833	75,489	103,093	31,784	46,967

各保安部隊冬服裝具配發統計表（續）

品種 區分 部隊	被服							
	棉褥	棉子套	棉襪	棉背心	膠棉鞋	皮棉鞋	烏拉鞋	毡襪
五〇		5,186	10,372		5,373	5,134		
五一				2,904				
五二		1,221	2,821	1,221	2,721			
五三		6,000	5,000		8,100	2,000		
五四	1,500	3,858	7,716		3,858	3,858		
五五	1,500	5,370	14,000	5,170	7,000		7,000	7,000
五六		4,000	8,005		7,130	11,000		
五七				4,134				
五八	1,500	1,037	14,484	5,425	13,096	6,209		
五九	1,500	8,600	14,000	5,400	7,000	7,000	3,000	3,000
六〇	1,500	1,089	14,178	5,591	5,400	7,170		
合計	7,500	48,355	90,576	29,845	59,678	42,377	10,000	10,000
遼寧		2,276	4,552	2,200	2,276	2,276		
遼北			4,552		2,276		2,276	2,276
安東		142	142		142			
松江		142	284		142	142		
嫩江					2,290			
吉林	15				2,276			
合江			2,276		41			
黑江			41		41			
興安								
開原大隊								
六補區	2,946	591	9,794		1,791	591		
合計	2,961	315	21,641	2,200	17,275	3,009	2,276	2,276
總計	10,361	51,506	112,217	32,045	76,953	45,380	12,276	12,276

各保安部隊冬服裝具配發統計表（續）

區分／品種／部隊	被服							
	軍毯	皮大衣	皮帽	皮手套	皮背心	毛巾	線襪	毛襪
五〇	3,600		2,500			5,186	5,000	
五一	3,000							
五二	1,000	1,050	1,500	1,500	900			
五三	6,000	1,500	1,600	5,100	4,500			
五四	5,000	1,000	3,100			3,858		
五五	1,133	1,000	2,500	1,600		5,370	1,650	
五六	3,000	1,560	1,600	5,160	4,500			
五七								
五八	3,000	2,300	4,100			5,425		
五九	3,000	3,000	3,100		1,500	9,400	4,000	
六〇		1,000	2,500			7,089		
合計	28,733	12,410	22,500	13,360	11,400	36,328	10,650	
遼寧			963			2,276		
遼北	1,700	1,000	2,493		2,290	2,276		
安東						142		
松江						142		
嫩江	900							
吉林		15				2,276		
合江								
黑江								
興安	900							
開原大隊								
六補區	2,315		591			8,200	203	200
合計	5,815	1,015	4,047		2,290	15,312	203	200
總計	34,548	13,425	26,547	13,360	13,690	51,640	10,853	200

各保安部隊冬服裝具配發統計表（續）

區分 品種 部隊	裝具									
	乾糧袋	水壺	腰皮帶	行軍鍋灶	槍背皮	子彈袋	手榴彈袋	包袱皮	炒米袋	步號
五〇	2,400							6,000	2,500	
五一	2,400							6,000		
五二										
五三	2,400			160				6,000		
五四	2,400		2,500	20				6,000		
五五		2,800		20					2,800	100
五六										
五七										
五八	2,400	2,800	5,831	40		700		6,000	2,500	125
五九	2,400	6,000	3,500		500	1,256	1,832	6,000	2,500	120
六〇	6,800	5,000	3,000	70				6,000		100
合計	21,200	16,600	14,831	310	500	1,956	1,832	42,000	12,800	445
遼寧										
遼北	1,300				1,000			3,400		
安東										
松江										
嫩江	600							1,800		
吉林										
合江										
黑江										
興安	600							1,800		
開原大隊			150							
六補區										
合計	2,500		150		1,000			7,000		
總計	23,700	16,600	14,981	310	1,500	1,956	1,832	49,000	12,800	445

經理處三十六年度領發蒙旗部隊及前四個保安總隊夏服數量統計表

品名	單位	請領數量	配發數量	現存數量
士兵軍常服	套	2,479	2,479	
士兵軍便服	套	1,829	1,829	
軍帽	頂	2,479	2,479	
綁腿	付	2,479	2,479	
毛巾	條	1,829	1,829	
腰皮帶	條	1,700	1,700	
炒米袋	條	1,829	1,829	
白襯衣褲	套	650	650	

其三　人事

一、本轅職掌人事範圍

1. 本行轅各單位及直屬部隊訓練機關人事。

2. 本轅所轄各部隊、各支隊及各省保安團隊人事。

3. 有關中央及地方機關之統一性人事案件。

二、十月五日規定各部隊各督訓處人事任免程序

1. 各兵團人事任免

（一）師以上正副主官及軍以上幕僚長報經本轅核轉。

（二）師參謀長、團長以下逕報國防部核辦，分報本行轅。

（三）其餘人員仍照以往規定辦理。

2. 各督訓處之人事任免程序

（一）校官以上人員分報本轅核備。

（二）尉級人員層報本行轅核備。

三、本轅年來各單位及直屬部隊訓練機關主官異動情形如附表（一）

附表（一）
本行轅各單位及直屬部隊訓練機關主官異動統計表

區分	行轅長官部編併前	行轅長官部併編後	總長行轅改組後
	級職姓名 任免月日	級職姓名 任免月日	級職姓名 任免月日
	主任熊	主任熊	兼主任陳
	中將參謀長 董英斌	中將副主任鄭洞國 8/14 任	上將副主任羅卓英 10/16 奉國防部電主席令
			中將副主任鄭洞國 10/16 奉國防部電主席令
		參謀長董英斌	中將參謀長董英斌
	中將副參謀長 董彥平	副參謀長董彥平	中將副參謀長董彥平
		副參謀長趙家驤 8/14 任，9/8 調第三督訓處長	
			秘書長彭濟群 9/9 任
			總參議兼辦公室主任楚溪春 9/4 任，9/5 免，調瀋區防守司令部
			中將高參室主任李芳池 8/18 任
主任 辦公室	主任許鵬飛	主任許鵬飛 9/2 辭職	兼主任車如 9/8 任
		副主任王志一 8/28 任	兼副主任劉慕曾 9/4 任
第一處	中將兼處長戴銘忠	處長戴銘忠 9/4 免	少將兼處長李汝和 9/4 任
	少將副處長潘英傑	副處長潘英傑	副處長潘英傑 11/15 免，調防空司令部參謀長
第二處	少將處長文強	少將處長文強 9/4 免	少將處長鄭兆一 9/4 任
	少將副處長鄒陸夫 8/30 免	少將副處長易希尹 8/30 任，9/23 調四三師參謀長	少將副處長王力 10/26 任
		上校參謀長張樹勳 8/14 任，10/26 辭職	

區分	行轅長官部編併前	行轅長官部併編後	總長行轅改組後
	級職姓名 任免月日	級職姓名 任免月日	級職姓名 任免月日
第三處	少將處長關邦傑 8/14 免，調高參	少將處長姜漢卿 8/14 任，9/8 免	少將處長李樹正 9/8 任
	少將副處長沈慶昭	少將副處長沈慶昭	少將副處長沈慶昭
第四處	少將處長林斯孝 8/14 免，調高參	少將副處長李定陸 8/14 任，9/20 免，調高參	少將兼處長武泉遠 9/20 調
	少將副處長傅偉民 8/14 免	副處長黃平 8/14 任，9/18 免	軍簡三階副處長張容孔 11/11 任
總務處	處長賴光大	處長賴光大 9/2 免，調高參	少將處長鮑士惠 9/2 任
	代副處長鮑士惠	代副處長鮑士惠	上校副處長劉德榮 9/5 任
經理處	處長吳中林	處長吳中林 11/12 免，調參議	軍需監處長陳鐵麟 11/11 任
	副處長鄧讜	副處長姚孟杰 8/14 任	副處長王春澤 11/3 任
軍法處	簡二處長儲鎮	簡二處長儲鎮 10/31 免，調額外參議	處長張薌甫 10/31 任
	簡三副處長萬心一	副處長萬心一	副處長萬心一
軍醫處		軍醫監處長林立 8/14 任	軍醫監處長林立
新聞處	簡二處長余紀忠	簡二處長余紀忠	
	簡二副處長魏鴻緒	簡二副處長魏鴻緒	簡二副處長魏鴻緒
砲兵指揮官		少將指揮官楊友梅 8/16 任，10/10 免	少將指揮官杜顯信 10/10 任
工兵指揮官		少將指揮官樓廣文 8/14 任，10/11 免	少將指揮官胡碧華 11/11 任
通信兵指揮官		少將指揮官李賢 8/14	少將指揮官李賢
警衛團	上校團長文雨辰	第一團長文雨辰 11/30 免，調 T55D 師長	上校團長汪奉曾 12/1 任
		第二團長葉敬 9/9 令	

區分	行轅長官部編併前	行轅長官部併編後	總長行轅改組後
	級職姓名 任免月日	級職姓名 任免月日	級職姓名 任免月日
騎兵司令部			中將司令徐梁 9/6 任
			中將副司令王照堃 9/6 任
			第一旅少將旅長烏古廷 10/31 任
			第二旅少將旅長張志恒 10/31 任
第一督訓處			中將處長彭璧生 9/8 任
			少將參謀長黃平 9/18 任
第二督訓處			中將處長石祖黃 9/8 任
			少將參謀長陳時傑 10/8 任
第三督訓處			中將處長趙家驤 9/8 任
			少將參謀長楊友梅 10/10 任，12/2 免，調第六兵團任用

附記：國防部派本行轅服務之將級部員與中訓團派本行轅服務之將級團員計四七員，其中八員調補實職，五員留本行轅高參室服務，其餘三四員於九月十三日以轅人字第二一四九號代電分發各兵團服務，其分派員額如左：

1. 第六兵團九員
2. 第七兵團九員
3. 第八兵團十員
4. 第九兵團六員

四、本轅受獎懲人員

1. 受勛獎人員

（一）本行轅少將高參周明協助東北各省推行役政，卓著勞績，經國防部傳令嘉獎，又第一處上校科長張潔軒記功一次。

（二）八月二十日准國防部電頒發本行轅中將處長賀奎、少將處長吳中林忠勤勛章，中將處長戴銘忠干甲一獎章，少將副處長潘英傑光甲一獎章，中將參謀長董英斌、少將副處長林斯孝、賴光大陸甲一獎章各一座。

2. 受懲罰人員

（一）八月二十日主任辦公室軍簡三階課長戴鼎屢不請假外出，記大過一次。

五、本行轅與前保安長官部於八月間併編後人員處理情形如附表（二）

附表（二）

本行轅與前保安長官部編併後編餘人員處理情形統計表

編餘人員	總數	842
處理人數	送國防部核用人數	24
	各單位補實人數	141
	分發各督訓處人數	86
	編入政治隊人數	7
	送東北分團受訓人數	218
	資遣人數	15
	除名人數	177
	辭職人數	20
	合計	688
現有隊員人員		154

六、本轅所屬各部隊於整編後編餘人員處理情形如附表（三）

附表（三）
本行轅所屬各機關部隊於整編後編餘官佐處理情形統計表

整編單位	編餘人數	分發任用人員			送東北分團受訓	資遣	除名辭職	現有人數
		分發各部隊	編入政治隊	計				
東北行轅保安長官部	843	251	7	258	194	15	221	154
各部隊各督訓處	1,619			713	25	685		
各省保安司令部	1,536	564	861	1,425		111		
瀋長警幹班	883				883			
其他	69				69			
合計	4,950	815	868	2,396	1,171	811	221	154

七、本行轅所轄各部隊各支隊及各省保安團隊主官任免情形如附表（四）

附表（四）
本行轅所轄各部隊各支隊及各省保安團隊主官任免統計表

月日	調動部隊	姓名	原任部隊	備考
7/17	陸軍副總司令兼陸軍訓練司令	孫立人	陸軍新一軍軍長	調
7/29	松北綏靖總司令	馬占山	東北保安副司令長官	國防部電
8/4	東北保安司令長官部中將副司令長官	趙公武	陸軍第五二軍軍長	主席核定
8/4	陸軍五二軍軍長	梁　愷	陸軍第五二軍副軍長	主席核定
8/4	陸軍九一師師長	戴海容	陸軍九一師副師長	升
8/4		趙　琳	陸軍九一師師長	撤職
8/6	東北保安第六支隊上校司令	林　栖		派代
8/9	東北第一保安區少將司令	吳寶雲		派代

月日	調動部隊	姓名	原任部隊	備考
8/15	東北第十保安區司令（少將）	趙蘊奇	東北保安第十支隊少將司令	調
8/15	東北保安司令長官部少將高參	王景南	東北保安第十保安區司令	調
8/16	第四兵團副司令	舒適存	新六軍軍長	國防部電令
8/16	新六軍軍長	李　濤	新二二師師長	國防部電令
8/21		吳安治	騎兵第三支隊少將司令	免
9/1	新二二師師長	羅　英	新二二師副師長	第四五一團請准備查
9/1	十四師少將副師長	梁鐵豹		第四五一團請准備查
9/1	新二二師副師長	劉梓皋	四十二團上校團長	第四五一團請准備查
9/1	二〇七師第三旅旅長	王啟華	十四師少將副師長	第四五一團請准備查
9/5	暫五〇師參謀長	梁雄飛		派代
9/5	第六兵站總監部辦公室主任	李　雄	暫五〇師參謀長	調
9/18	松江省保安司令部少將參謀長	甯緒聲		國防部電
9/18	嫩江省保安司令部少將參謀長	張漢光		國防部電
9/25	新六軍少將參謀長	丁一安	錦州要塞籌備處少將主任	調
9/30	東北保安第三支隊少將司令	鄧士富		派
10/7	第六兵團副司令	梁　愷	五二軍軍長	升
10/7	五二軍軍長	覃異之	暫二〇五師師長	調升
10/11	遼寧省保安司令部少將副司令	趙　毅		派代
10/15	新一軍少將參謀長	劉德星		派
10/18	陸軍訓練司令部服務	黃　沛	東北保安第三支隊少將司令	調
10/22	第六兵團中將副司令	趙家驤	第三督訓處中將處長	仍兼原職
10/24	新六軍少將副軍長	龍天武		升
10/24	十四師少將師長	許　穎		升
10/24	五二軍第二師上校參謀長	郭永光		調
10/25	暫六二師少將參謀長	程雁飛	第六兵團少將高參	代理
10/27	松北綏靖總司令部副官處少將處長	孟文件	國防部部員	代理

月日	調動部隊	姓名	原任部隊	備考
10/29	四十九軍二十六師少將師長	張越群	二〇七師第二旅旅長	調
10/29	東北行轅少將高參	彭鞏英	四九軍二六師師長	調
11/2	東北行轅參議	陳天喜	暫五七師師長	撤銷
11/7	第三軍官訓練班任用	梁中宇	暫五一師副師長	調
11/7	第三軍官訓練班任用	程　斌	暫五七師副師長	調
11/9	暫二十一師師長	李荻秋	九二軍少將參謀長	升代
11/9	九二軍參謀長	余有任	九四軍上校副師長	調
11/12		陳明仁	第七兵團司令官	主席電令停職
11/15	新五軍軍長	陳林達	一九五師師長	升代
11/15	一九五師師長	謝代蒸	一九五師副師長	代理
11/16	暫六〇師師長	陳膺華		派
11/16	暫六〇師副師長	羅先改		派
11/18	暫六一師副師長	寧　偉	暫五五師副師長	調
11/18	新六軍副軍長	鄭庭笈	一六九師少將師長	升代
11/18	新三軍參謀長	梁鐵豹	十四師上校副師長	調代
11/18	十四師上校副師長	張雨仙	四一師上校團長	升代
11/30	暫五五師師長	文雨辰	東北行轅警衛團長	調
12/9	二〇七師第二旅旅長	王啟華		調

八、各機關部隊受勛獎懲及受撫卹人員如附表（五）（六）（七）

附表（五）受勛獎人員統計表

月日	所屬部隊	戰役	事蹟	所敘勛獎種類
7/14	長官部 七一軍 新一軍 新六軍 九三軍 五三軍 一九五師 二〇七師 遼北省政府 空軍司令部	四平會戰	全體軍民援守有功	奉國民政府明令嘉獎
7/16	各部隊師長以上有功者	四平會戰	功勛卓著	敘勛 由長官部呈報本轅備案

月日	所屬部隊	戰役	事蹟	所敘勛獎種類
7/17	防守司令部	四平會戰	中校科長辛鴻信等七員努力職務配合空軍悉合機宜	傳令嘉獎
7/26	東北保安長官部	四平會戰	幕僚王志一等六員於會戰期間努力職務卓著勞績	傳令嘉獎
8/9	一九五師五八三團	四平會戰	第三營長劉沛督率全營獲輝煌戰果	營長記功全營官兵嘉獎
8/25	新六軍軍長李濤	歷次戰役	功績卓著	四等寶鼎
8/25	十三軍史松泉	歷次戰役	功績卓著	四等雲麾
9/6	砲兵十四團	四平會戰	協助友軍發揮砲兵本領各有功人員敘獎	頒陸甲二干甲二干乙一陸乙一獎章各一座
9/9	砲兵十六團	四平會戰	協助友軍發揮砲兵本領各有功人員敘獎	連長甘柏浥等七員各頒獎章乙座
9/9	二〇七師	雞冠山戰役	謝嗣升等二九員作戰英勇	傳令嘉獎
9/13	七十一軍	四平防守戰役	馬鈞等四七員作戰英勇特著功績	馬鈞等二七員各頒忠貞乙座李子宜頒陸甲二趙英等十名頒陸乙一季重光等二員頒干乙一呂承佐等七員頒干乙二各一座
10/18	暫五八師	營口防守戰役	營長馮殿綱等十一員忠勇應戰確保陣地	傳令嘉獎
10/19	暫五八師及長治艦	營口防守戰役	王師長指揮有方決心堅確何艦長協助得力	傳令嘉獎
10/25	遼北直轄團管區	四平會戰	姜北華等七員著有功績	傳令嘉獎
10/25	陸軍第九三軍暫二十二師	義縣防守戰	第二團團長王重基等十八員戰績優異傳令嘉獎	傳令嘉獎
10/29	新一軍	八面城戰役	一〇五師二連排長師萊敏作戰英勇擊斃匪首繳回獲重要文件	陸乙一獎章一

月日	所屬部隊	戰役	事蹟	所敘勛獎種類
11/11	九三軍	北票防守戰	團長陳敬熙固守北票有功	忠勇勛章
11/17	六十軍	吉林防守戰	作戰課長何賢九員保衛吉林特著功績	傳令嘉獎
11/17	九三軍暫十八師	義縣防守戰	營長李連堂剿匪奮勇獲得光榮戰果	六等寶鼎
11/21	九十三軍	義縣防守戰	軍長盧濬泉固守義縣厥功至偉	陸甲乙
12/9	鐵道兵團		掩護搶修線路卓著功績	第二營長傳令嘉獎

附表（六）受懲罰人員統計表

月日	部隊	姓名	罪行	懲罰種別
7/20	東北保安第一團第三營少校營長	劉據中	瀆職貪污	撤職法辦
8/9	東北第一保安區司令	李修業	作戰不利	撤職查辦
10/4	暫五〇師第二團代團長	趙孟澤	戰事慘烈際擅離職守	撤職法辦
10/24	四九軍軍長	王鐵漢	楊家杖子作戰不利	奉主席諭撤職留任
11/1	四九軍參謀長	宋德俊	楊家杖子作戰不利	大過一次

附表（七）受撫卹人員統計表

月日	部隊	姓名	撫卹事項	備考
10/27	新一軍故上校團長	項殿元	國民政府八月三十日明令褒揚並贈陸軍少將	准國防部卅六、十、十五兩卹敍字第二九七七五一號代電
10/27	新一軍故上校團長	張潔之	准由院特令褒揚並呈請國府分別追增陸軍少將步兵中校	
10/27	新一軍故少校營長	范增壽		

九、各督訓處及各部隊編餘官佐處理情形如附表（八）

附表（八）各督訓處及各部隊編餘官佐處理情形統計表

區分	編餘人員	分發任用人數	送分團受訓人數	資遣人數
第一督訓處	19	5		14
第二督訓處	106	72	4	30
第三督訓處	73	49	5	19
四九軍暫五七師	200	31	16	153
四九軍七十九師 四九軍一〇五師	64			64
各騎兵司令部 各部騎支部	1,157	552	25	605
合計	1,619	709	50	885

十、各省保安司令部及各團隊編餘人員處理情形如附表（九）

附表（九）

各省保安司令部及各團隊編餘官佐處理情形統計表

區分／員數／省別	編餘人數	分發任用人員			資遣員數
		分發各部隊員數	師團管區留用人數	編入政治隊員數	
遼寧省保安司令部	254	55	47	122	30
遼北省保安司令部	13	6	7		
吉林省保安司令部	35		7	28	
安東省保安司令部	511	26	45	388	52
嫩江省保安司令部	167	43	54	63	7
松江省保安司令部	141	30	52	51	8
合江省保安司令部	167	42	40	76	9
興安省保安司令部	139		57	78	4
黑龍江省保安司令部	109	4	49	55	1
合計	1,536	206	358	861	111

十一、有關中央及地方機關主官異動情形如附表（十）

附表（十）有關中央及地方機關主官異動表

月日	調動部隊	姓名	原任部隊	備考
7/9	瀋陽防空司令部兼副司令	彭璧生		調兼
7/9		趙家驤	瀋陽防空司令部兼副司令	免兼
9/8	瀋陽區防守司令部兼中將司令	楚溪春	兼東北行轅總參議	兼
9/22	瀋陽防空司令部	鄭洞國	行轅副主任	兼
9/24	瀋陽區防守司令部副官處少將處長	李英夫	派行轅服務之國防部員	調
10/27	瀋陽區防守司令部參謀處長	鄒陸夫	東北行轅少將高參	調
12/5	瀋陽防空司令部少將參謀長	潘英傑	東北行轅第一處副處長	調

十二、各戰役有功受獎人員如附表（十一）

附表（十一）　受勛獎人員統計表

月日	所屬部隊	戰役	事蹟	所敘勛獎種類
8/28	遼寧省政府瀋陽市政府	四平會戰	徐主席箴金市長鎮督率各汽車公司協助軍運有功	傳令嘉獎
8/29	交警第二總局	四平會戰	四平會戰忠勇有功	核頒有功人員五等雲麾忠勇各一座光甲一乙座光乙一八座光乙二十七座干甲二二座忠勇四座
8/30	四平防疫工作輔導團	戰後防疫	協助戰後防疫努力職守著有勞績	傳令嘉獎
9/11	瀋陽區鐵路管理局	戰後防疫	協助軍運有功	核頒光甲一乙座光甲二三座光乙一五座光乙二四座干乙一一三座干乙二三座
10/20	吉林省農安縣政府		縣長胡琅閣糾合地方武力保衛縣城以迄現在	傳令嘉獎
9/22	第六補給區三六兵站醫院		院長王開伯不辭勞苦努力職務成績優良	傳令嘉獎

月日	所屬部隊	戰役	事蹟	所敘勛獎種類
10/20	齊齊哈爾鐵路管理局		陶治武三六員確守崗位不避艱苦達成任務	傳令嘉獎
11/5	交通部所屬第一線段	遼西會戰	員工董兆康等卅員不避艱苦搶行路線	傳令嘉獎
12/1	東北鹽務局朝陽分局		局長馬雲路協助國軍作戰有功	傳令嘉獎

十三、中訓團東北分團收訓各部隊編餘人員處理情形如附表（十二）

附表（十二）

中訓團東北分團收訓各部隊編餘人員處理情形統計表

各部送訓人數		收訓總人數	處理總人數						現在人數
區分	人數		分發各部隊	資遣	開除	轉業	死亡	合計	
東北行轅	194								
高射砲第六團	4								
青訓總隊	17								
長官部軍官大隊	47	1,171	406	121	4	1	1	533	638
聯勤總部第六補給區	1								
瀋長警幹班	883								
各督訓處	9								
其他各部隊	16								

其四　編制及調整

一、編制

1. 東北現有軍事機關學校共卅七個單位其編制人數如附表（十三）。
2. 東北為適應作戰指揮需要現設第六、七、八、九，四個兵團（第七兵團撤銷，保留其番號，業經呈報主席核准）。第六兵團轄九三軍及配屬指揮之暫五十師，第八兵團轄五三軍，第九兵團轄新三軍、新六軍及二〇七師，其餘四九、五二、六〇、七一、新一、五七等七個軍由本轅直轄，又暫六三師現歸十三軍建制，暫五二師縮編為一個團，與第二交警總局吉林警務處李嵩部合編為一個師，以李嵩為師長，仍用暫五二師番號，其隸屬序列正待核定中。但各軍師使用編制，因部隊歷史及裝備不同而互有差異，計現有卅四年甲、乙兩種，卅六年師旅，卅一年暫編師及印緬等各種編制，其概況如附表（十四）。
3. 東北特種部隊計有騎兵、工兵、通信兵、憲兵、裝甲兵及海空等，其現有編制人數如附表（十五）。

二、調整

1. 東北各部隊近一年來歷經戰役，其或卓著功績或因作戰不力，本行轅為汰弱扶強及隨時適應戰況起見，經自九月份起將各暫編師及步兵支隊分別併編，成立新三、新五、新七等三個軍，限於本年底調整完畢，但單位雖形減少而戰力實則增強。又原有騎兵部隊除改編為騎兵司令部轄二個旅及兩個獨立團外，其餘編為三個團，分別配撥新一軍、新六軍及十三軍，以加強各部隊之搜索威力。其調整概況如附表（十六）（十七）。

2. 東北各省保安部隊除遼寧、遼北、吉林三省保安司令部保留二個保安團併編為一個團，收復縣保留一個保安中隊外，其餘安東、松江、嫩江三省保安司令部及保安團隊均已撤銷，保留一個保安分隊。又各省其他地方團隊一律取銷。其調整概況如附表（十八）。
3. 第二交警總局除所轄各局處仍舊外，其原有十五個警務段整編為十二個團（即十二個警務段），並保留六個警務段空番號。其調整概況如附表（十九）。

附表（十三）東北各軍事機關學校現有編制人數一覽表

區分	機關名稱	主官姓名	人數		
			官佐	士兵	小計
機關學校	東北行轅及直屬單位	陳　誠	1,261	6,032	7,293
	瀋陽防守司令部	楚溪春	220	796	1,016
	長春警備司令部	潘裕昆	65	30	95
	瀋陽防空司令部	鄭洞國	34	20	54
	中訓團東北分團	胡家驥	467	1,170	1,637
	長延區民主自衛大部	楊馥堂	23	546	569
	國防部東北屯墾局	郜子舉	219	31	250
	遼寧軍人監獄	郭聖都	38	100	138
	國防部第二廳通信總所通信第二組	薛孔彬	23	8	31
	國防部東北情報研究組	王景宣	35	4	39
	國防部電務訓練班東北分所	王志一	16	11	27
	國防部瀋陽偵收台	冉一鶴	28	9	37
	國防部（124）（127）電台	雲鵬飛 郁壽安	8	14	22
	國防部保密局瀋陽站（包括長春站官 224、兵 40）	管鎮東	468	80	548
	國防部瀋陽甲種測向台（包括長春站官 6、兵 5）	高　非	17	11	28
	國防部第四圖站	底景華	3	5	8
	通校通信技術人員訓練班	郭霖春	63	584	647
	國防部軍中演劇（61）（20）大隊	呂穎川	56	10	66
	軍事新聞局長春通信社	杜　欣	3	1	4
	軍事新聞局瀋陽通信社	黎聖倫	10	3	13
	交通部第二交警總局及所屬單位（包括 12 個段）	馮聖法	3,781	42,685	46,466
	警官學校第五分校（內學生 4,105 列入士兵數）	劉　璠	496	4,105	4,601
	第三軍訓班	羅又倫	3,770	2,638	6,408
	小計		11,104	58,893	69,997

區分	機關名稱	主官姓名	人數		
			官佐	士兵	小計
聯勤機關部隊	第六補給區及所轄各單位	劉翼峰	9,603	26,355	35,958
	秦葫港口司令部	何世禮	385	2,138	2,523
	東北鐵路軍運指揮所	牛月村	192	48	240
	聯勤總部各無線電台（計區台 5、分台 1、台 13）		306	144	450
	秦皇島水路軍運辦公處	孫秀峰	11	6	17
	輜汽十七團	高莽蒼	188	1,506	1,694
	輜汽二五團	王偉耀	188	1,506	1,694
	汽車保養第一營	金佩選	57	414	471
	軍械保養第三營	龔　奇	79	560	639
	小計		11,009	32,677	43,686
兵役機關	遼東師管區	趙錫慶	521	1,578	2,099
	遼西師管區	黃永安	521	1,578	2,099
	吉林師管區	李寓春	369	1,091	1,460
	安東直轄團管區	康永阜	152	487	639
	遼北直轄團管區	鄭殿起	152	487	639
	小計		1,715	5,221	6,936
合計			23,828	96,791	120,619

附記：空軍司令部已列特種部隊未列入本表

附表（十四）東北現有各部隊概況表

49A　直屬本轄　人員合計 40,518							
部別	主官姓名	團	種類	增設單位	官	兵	小計
軍司令部	王鐵漢		三十四年乙	軍樂隊 汽車連 諜報組 新聞處 軍官隊	534	2,838	3,372
26D	張超越	76R 77R 78R	三十四年乙	汽車排 諜報組 新聞處 軍官隊	830	11,901	12,731
79D	文　禮	135R 136R 137R	三十四年乙	汽車排 諜報組 新聞室 軍官隊	830	11,901	12,731
T55D	王天任	1R 2R 3R	三十四年乙	新聞室 軍官隊	770	10,914	11,684

備考：T55D 原為卅一年編制，撥歸四九軍後改卅四年乙種編制，以十一月十五日為撥編完竣日期。

52A　直屬本轄　人員合計 40,612							
部別	主官姓名	團	種類	增設單位	官	兵	小計
軍司令部	覃異之		三十四年甲	諜報組 軍官隊 丁種新聞處 汽車連 修械所 軍樂隊	783	4,984	5,767
2D	劉玉章	4R 5R 6R	三十四年甲	諜報組 軍官隊 乙丁新聞室	937	10,672	11,609
25D	胡晉生	73R 74R 75R	三十四年甲	諜報組 軍官隊 乙丁新聞室	937	10,672	11,609
T58D	王家善	1R 2R 3R	三十四年乙	軍官隊 乙丁新聞室	923	10,904	11,627

備考：2D、25D 各山砲營為二連制。
T58D 原番號由第二督訓處撥來。砲兵營未令成立，人員未列入。

53A　第八兵團　人員合計 40,129							
部別	主官姓名	團	種類	增設單位	官	兵	小計
軍司令部	周福成		三十四年甲	諜報組 軍官隊 丁種新聞處 砲兵指揮組 擔架隊 軍樂隊	774	5,068	5,842
130D	王理寰	388R 389R 390R	三十四年甲	諜報組 軍官隊 乙丁種新聞室	945	10,882	11,827
T30D	劉德裕	1R 2R 3R	三十四年甲	諜報組 軍官隊 乙種新聞室	945	10,882	11,827
T60D	陳膺華	1R 2R 3R	三十四年甲	諜報組 軍官隊 乙丁種新聞室	879	9,754	10,633

備考：T60D 原番號由第三督訓處撥來。砲兵營未令成立，人員未列入。現配屬第六兵團。

60A　直屬本轅　人員合計 39,234							
部別	主官姓名	團	種類	增設單位	官	兵	小計
軍司令部	曾澤生		三十四年甲	諜報組 新聞處 修械所 軍官隊	680	4,139	4,819
182D	白肇學	538R 539R 549R	三十四年甲	諜報組 新聞室 軍官隊	986	11,054	12,040
184D	楊朝綸	550R 551R 552R	三十四年甲	諜報組 新聞室 軍官隊	927	9,917	10,844
T21D	隴　耀	1R 2R 3R	三十四年甲	諜報組 新聞室 軍官隊	971	10,560	11,531

備考：軍司令部無榴彈砲營編制。
184D 無砲兵編制，現配屬第六兵團。
T21D 師山砲營改按步砲營編成。

71A　直屬本轅　人員合計 39,065							
部別	主官姓名	團	種類	增設單位	官	兵	小計
軍司令部	劉安祺		三十四年甲	軍樂隊 汽車連 砲兵指揮組 新聞處 諜報組	781	4,990	5,774
87D	熊新民	259R 260R 261R	三十四年甲	新聞室 諜報組 軍官隊	917	10,410	11,327
88D	彭　鍔	262R 263R 264R	三十四年甲	新聞室 諜報組 軍官隊	917	10,410	11,327
91D	戴海容	271R 272R 273R	三十四年甲	新聞室 諜報組 軍官隊	873	9,767	10,640

備考：87D 師山砲營改按步砲營編成。
88D 師山砲營改按步砲營編成。
91D 砲兵營尚未奉准成立。

93A　第六兵團　人員合計 44,232							
部別	主官姓名	團	種類	增設單位	官	兵	小計
軍司令部	盧濬泉	獨立步兵團	三十四年甲	汽車連 新聞處 諜報組 軍官隊 修械所	1,228	4,963	6,191
T18D	景　陽	1R 2R 3R	三十四年甲	汽車排 新聞室 諜報組 軍官隊	838	11,104	11,942
T20D	王世高	1R 2R 3R	三十四年甲	汽車排 新聞室 諜報組 軍官隊	838	11,104	11,942
T22D	龍澤匯	1R 2R 3R	三十四年甲	汽車排 新聞室 諜報組 軍官隊	838	11,104	11,942

備考：各師軍官隊員均列軍部人數內。
總數內列入獨立步兵團官 105、兵 2,110。

N1A　直屬本轄　人員合計 43,231							
部別	主官姓名	團	種類	增設單位	官	兵	小計
軍司令部	潘裕昆	獨立騎兵團	印編	新聞處 諜報組 軍官隊	771	4,960	5,731
N30D	文小山	88R 89R 90R	印編	新聞室 軍官隊	1,013	12,313	13,321
50D	楊　溫	146R 147R 150R	印編	新聞室 軍官隊	955	11,545	12,500
T53D	許賡揚	1R 2R 3R	印編	新聞室 軍官隊	897	10,777	11,674

備考：獨立騎兵團原由騎兵第二支隊改編，撥歸該軍建制。
N30D 師以砲兵兩營編成。
50D 師以砲兵一營編成
T53D 原為卅一年編制，自十二月一日起撥 N1A 建制改為印編，現無砲兵營。

N3A　第九兵團　人員合計 37,933							
部別	主官姓名	團	種類	增設單位	官	兵	小計
軍司令部	龍天武		三十四年甲		370	3,733	4,103
14D	許　潁	40R 41R 42R	三十四年甲	諜報組 軍官隊 乙丁新聞室	945	10,882	11,827
54D	宋邦緯	160R 161R 162R	三十四年甲	諜報組 軍官隊 乙丁新聞室	939	10,418	11,357
T59D	鮑步超	1R 2R 3R	三十四年甲	諜報組 軍官隊 乙丁新聞室	945	10,882	11,827

備考：N3A 新成立，軍屬榴彈砲營及獸力送營未成立，人員未列入。
14D 原番號由新六軍撥來。
54D 原番號由 13A 撥來，山砲營改為步砲營編制。
T59D 原番號由第三督訓處撥來，山砲營未成立，人員未列入。

N5A　直屬本轅　人員合計 25,426							
部別	主官姓名	團	種類	增設單位	官	兵	小計
軍司令部	陳林達		三十四年乙		222	2,015	2,237
195D	謝代蒸	583R 584R 585R	三十四年甲	乙丁新聞室 軍官隊	903	10,418	11,348
T54D	馬　徹	1R 2R 3R	三十四年乙	乙丁新聞室 軍官隊	742	10,919	11,661

備考：N5A 新成立，軍屬砲兵營未令成立，人員未列入。
195D 原番號由 52A 撥來，山砲營為步砲營編制。
T54D 保三支隊合編，山砲營未令成立，人員未列入。

N6A　第九兵團　人員合計 41,604							
部別	主官姓名	團	種類	增設單位	官	兵	小計
軍司令部	李　濤		三十四年甲	諜報組 軍官隊 丁種新聞處 砲兵指揮組 軍樂隊	767	4,869	5,636
N22D	羅　英	64R 65R 66R	印編	諜報組 軍官隊 乙丁新聞室 劇宣五五隊	1,150	12,232	13,382
169D	鄭庭笈	505R 506R 507R	三十四年甲	諜報組 軍官隊 乙丁新聞室	924	10,409	11,333
T62D	劉梓皋	1R 2R 3R	三十四年甲	諜報組 軍官隊 乙丁新聞室	924	10,409	11,333

備考：169D 山砲營改為步砲營編制。
T62D 警衛一團、169D 一團、編餘保安團合編，師山砲兵營改為步砲營編制。

N7A　直屬本轄　人員合計 38,391							
部別	主官姓名	團	種類	增設單位	官	兵	小計
軍司令部	李鴻		三十四年乙		239	2,098	2,337
N38D	史　說	112R 113R 114R	印編	新聞室 軍官隊	955	11,545	12,500
T56D	劉德溥	1R 2R 3R	三十四年乙	新聞室 軍官隊	770	10,914	11,684
T61D	羅又倫		三十四年乙	新聞室 軍官隊	770	10,914	11,684

備考：N7A 新成立，所有增設單位均未列入。
N38D 原屬新一軍建制，自十二月一日起撥歸新七軍建制。
T56D 原為卅一年編制，自十二月一日起撥歸 N7A 建制，改卅四年乙種編制。
T61D 原為卅一年編制，自十二月一日起撥歸 N7A 建制，改卅四年乙種編制。

207D　第九兵團　人員合計 36,225							
部別	主官姓名	團	種類	增設單位	官	兵	小計
師司令部	羅又倫		三十六年師	諜報組 軍官隊 丁種新聞處 教官 軍樂隊	740	4,189	4,729
1B	陳大雲	1R 2R 3R	三十六年旅	諜報組 軍官隊 甲丁新聞室	717	9,715	10,432
2B	王啟瑞	4R 5R 6R	三十六年旅	諜報組 軍官隊 甲丁新聞室	717	9,715	10,432
3B	劉少峰	7R 8R 9R	三十六年旅	諜報組 軍官隊 甲丁新聞室	717	9,715	10,432

部別	主官姓名	團	種類	增設單位	官	兵	小計
T50D	吳寶雲	1R 2R 3R	三十一年	諜報組 軍官隊	614	7,760	8,374
T52D	劉伯中	1R 2R 3R	三十一年	諜報組 軍官隊	614	7,760	8,374
T63D	林　栖	1R 2R 3R	三十四年甲	諜報組 軍官隊	867	9,755	10,622

備考：T50D 整編前歸六兵團指揮。
T52D 已飭縮編為一個團，與吉林警務處李嵩部合編為一個師。
T63D 原保六支隊，現歸 13A 建制，無砲兵營編制。

附記：一、本表係本行轅所屬各部隊自九月份起至十二月底止逐次整編後概況統計，官兵人數為 493,870 員名。
二、表內所列人員數為現有編制數。

附表（十五）東北各特種部隊現有編制人數一覽表
卅六年十二月　東北行轅第一處製

騎兵部隊　人員合計 11,240						
部別	主官姓名	種類	增設單位	官	兵	小計
司令部	徐　梁	國防部核定	新聞處 諜報組 軍官隊	168	682	860
N1B	烏古廷	國防部核定	新聞室 諜報組 軍官隊	312	3,668	3,980
N2B	張志恒	國防部核定	新聞室 諜報組 軍官隊	312	3,668	3,980
T1R		國防部核定		69	1,141	1,210
T2R		國防部核定		69	1,141	1,210

備考：T1R 該團轅令限亥銑編成。
T2R 該團轅令限亥銑編成。

砲兵部隊　人員合計 10,598						
部別	主官姓名	種類	增設單位	官	兵	小計
7AR	林日藩		新聞室	209	2,276	2,485
11AR	睢　魯		新聞室	273	3,130	3,403
12AR	杜顯信		新聞室	303	2,454	2,757
16AR	藍守青		新聞室	196	1,757	1,953

工兵部隊　人員合計 5,659						
部別	主官姓名	種類	增設單位	官	兵	小計
工十團	鄒浩生		新聞室	255	2,450	2,705
工十二團	王潤章		新聞室	280	2,674	2,954

通信部隊　人員合計 7,174						
部別	主官姓名	種類	增設單位	官	兵	小計
通六團	樓廣文		新聞室	824	2,845	3,669
通十三營	陳育生			196	681	877
通九營二連	朱祖宇			41	151	194
通二團一營	李廣發			183	609	792
通一團五營	謝偉鈞			183	609	792

憲兵　人員合計 3,928						
部別	主官姓名	種類	增設單位	官	兵	小計
憲兵第六團	沙　靖		新聞室	183	1,690	1,873
憲教第二團	王介艇		新聞室	116	1,939	2,055

裝甲部隊　人員合計 4,679						
部別	主官姓名	種類	增設單位	官	兵	小計
裝甲兵團	鮑薰南			233	2,872	3,095
戰車一營	明世勛			129	1,007	1,136
鐵甲車三大隊	徐世廉			60	388	448

部別	主官姓名	種類	增設單位	官	兵	小計
鐵道兵第三團二營	章振庠			97	694	791

空軍部隊　人員合計 12,287						
部別	主官姓名	種類	增設單位	官	兵	小計
高射砲第六團	陸文深		新聞室	228	2,786	3,014
警衛第一營	暉黎川			26	547	573
警衛第二營	楊炳南			26	547	573
照測二團二營六連	陳隨緣			12	115	127
空軍供應處	張柳強		新聞室			8,000

海軍部隊　人員合計 150						
部別	主官姓名	種類	增設單位	官	兵	小計
第二巡防處	招德培			18	7	25
第四補給區	李忠聖			17	108	125

附表（十六）東北各部隊調整實施概況表

<table>
<tr><th>調整前部隊</th><th>調整後部隊</th><th>調整辦法</th><th>編成日期</th><th>使用編制</th></tr>
<tr><td>T55D</td><td>T55D
王天任</td><td>一、T55D 原為三一年暫編師編制，屬第二督訓處，於十一月十五日整編後撥歸 49A 建制，抵 105D 缺
二、所欠兵員裝備報輳補充</td><td>11/15</td><td>三四年乙</td></tr>
<tr><td>T58D</td><td>T58D
王家善</td><td>該師原為卅一年暫編師編制，屬第三督訓處，於十一月十五日整編後撥歸 52A 建制，抵 195D 缺</td><td>11/15</td><td>三四年乙</td></tr>
<tr><td>T60D</td><td>T60D
陳膺華</td><td>該師原為卅一年暫編師編制，屬第三督訓處，於十二月一日整編後撥歸 53A 建制，抵 116D 缺</td><td>12/1</td><td>三四年甲</td></tr>
<tr><td>T53D</td><td>T53D
許賡揚</td><td>一、該師原為卅一年暫編師編制，屬第一督訓處
二、整編後撥歸 N1A 建制，抵 N38D 缺</td><td>12/1</td><td>印編</td></tr>
<tr><td>N1A 之
N38D</td><td>N7A 李鴻
N38D 史說</td><td rowspan="3">一、以 N1A 之 N38D 與 T56D、T61D 合編為 N7A
二、以 N38D 師長李鴻升代軍長
三、T61D 由暫編師編制改為三四年乙種</td><td rowspan="3">12/1</td><td rowspan="3">除 N38D 印編，餘均三四年乙種編制</td></tr>
<tr><td>T56D</td><td>N7A 李鴻
T56D 劉德溥</td></tr>
<tr><td>步三支隊</td><td>N7A 李鴻
T61D 鄧士富</td></tr>
<tr><td colspan="5">備考：
一、N38D 改隸 N7A 仍為印編
二、T56D 原為第一督訓處
三、T61D 原為保三支隊改編，撥 N7A 後復改用三四年乙種編制</td></tr>
</table>

<table>
<tr><th>調整前部隊</th><th>調整後部隊</th><th>調整辦法</th><th>編成
日期</th><th>使用編制</th></tr>
<tr><td>N6A 之 14D</td><td>N3A 龍天武
14D 許潁</td><td rowspan="3">一、以N6A之14D及13A 之 54D 與T59D合併為N3A
二、以N6A副軍長龍天武升代軍長</td><td rowspan="3">10 月底</td><td rowspan="3">三四年甲</td></tr>
<tr><td>13A 之 54D</td><td>N3A 龍天武
54D 宋邦緯</td></tr>
<tr><td>T59D</td><td>N3A 龍天武
T59D 鮑步超</td></tr>
<tr><td colspan="5">備考：T59D 原為卅一年暫編師編制，屬第二督訓處</td></tr>
</table>

<table>
<tr><th>調整前部隊</th><th>調整後部隊</th><th>調整辦法</th><th>編成
日期</th><th>使用編制</th></tr>
<tr><td>169D/N6A
多編之一個團</td><td rowspan="3">T62D 劉梓皋</td><td rowspan="3">一、以原有部隊欄內四個團合編為T62D，並撥歸N6A 建制
二、以 N6A 之 N22D 副師長劉梓皋升代師長
三、整編後撥歸 N6A 建制，抵 14D 缺</td><td rowspan="3">10 月底</td><td rowspan="3">三四年甲</td></tr>
<tr><td>行轅
警衛二團</td></tr>
<tr><td>遼東師管區
兩個補充團</td></tr>
<tr><td colspan="5">備考：遼東師區之兩個補充團係遼寧等省編餘保安團隊合編而成</td></tr>
</table>

<table>
<tr><th>調整前部隊</th><th>調整後部隊</th><th>調整辦法</th><th>編成
日期</th><th>使用編制</th></tr>
<tr><td>52A 之 195D</td><td>N5A 陳林達
195D 謝代蒸</td><td rowspan="2">一、T54D 與 52A 之 195D 合編為 N5A
二、以 195D 師長陳林達升代軍長
三、步一支隊與 T54D 合編為一個師，用 T54D 番號，該支隊番號十月底撤銷</td><td rowspan="2">11/15</td><td rowspan="2">195D 為
三四年甲
餘均為
三四年乙</td></tr>
<tr><td>步一支隊及
T54D</td><td>N5A 陳林達
T54D 馬徹</td></tr>
<tr><td colspan="5">備考：
一、N5A 暫轄兩個師，尚缺一個師，另行調配
二、T54D 原為暫編師編制，現改甲三四年乙編</td></tr>
</table>

調整前部隊	調整後部隊	調整辦法	編成日期	使用編制
T51D	1R	該師因作戰不力，縮編為一個團，撥 N3A 補充缺額，其番號於十月底撤銷		

調整前部隊	調整後部隊	調整辦法	編成日期	使用編制
步六支隊	T63D 林栖	步六支隊林栖部初照暫編師編制改為 T63D，撥 13A 後改用三四年甲種編制	12/1	三四年甲
備考：該師撥歸 13A 建制抵 54D 缺				

調整前部隊	調整後部隊	調整辦法	編成日期	使用編制
T50D	T50D 吳寶雲	未整編		暫編師編制
備考：該師暫歸第六兵團指揮督訓				

<table>
<tr><th>調整前部隊</th><th>調整後部隊</th><th>調整辦法</th><th>編成日期</th><th>使用編制</th></tr>
<tr><td>第二交警總局吉林警務處李嵩部</td><td rowspan="2">1(R)/T52D 李嵩</td><td rowspan="2">該師縮編為一個團撥歸第二交警總局吉林警務處李嵩部合編成師，以李嵩兼任師長，仍用 T52D 番號，原吉林警務處仍保留</td><td rowspan="2">12 月底</td><td rowspan="2">三四年乙</td></tr>
<tr><td>T52D</td></tr>
<tr><td colspan="5">備考：T52D 原在長春之一個團撥交 N1A 補充缺額</td></tr>
</table>

調整前部隊	調整後部隊	調整辦法	編成日期	使用編制
T57D	1R	該師因作戰不力，縮編為一個團，撥T55D 補充缺額，其番號於十月底撤銷		
步二支隊		該支隊因作戰不力，將官兵撥交吉林保安旅及六十軍補充缺額，其番號於十月底撤銷		
步四支隊	1R	該支隊因人員不滿三千，縮編為一個獨立步兵團，撥歸 93A 指揮督訓，其番號於十二月底撤銷	12 月底	暫編師屬團編制
步五支隊		一、七支隊作戰不力，於十月十五日撤銷番號，部隊撥補 T59D 二、五、八支隊軍紀不良，於九月十五日撤銷番號，部隊均撥補 207D		
步七支隊				
步八支隊				
第一督訓處		該處所屬各師已之撥各軍建制，該處於十一月底撤銷，其直屬部隊撥補 N3A		
第二督訓處		該處於十一月底撤銷，其直屬部隊撥補 T62D		
第三督訓處		該處於十二月十五日撤銷，其直屬部隊撥補 N5A		
第七兵團		撤銷保留空番號		
備考：業呈報主席核示中				

附記：表列各調整部隊自九月一日起至十二月底止。

附表（十七）東北各騎兵部隊調查實施概況表

調整前部隊	調整後部隊	調整辦法	使用編制
騎兵第二軍	騎兵司令部 徐梁	一、為整編各騎兵部隊，成立騎兵司令部，以徐梁為司令 二、騎兵司令部直屬部隊以前騎二軍部隊編成 三、該部於十一月一日成立	國防部核定騎兵司令部編制

調整前部隊	調整後部隊	調整辦法	使用編制
騎兵第三軍 騎兵第二軍（一部）	N1KB 烏古廷	一、以 3KA 及 2KA 蘇和巴特爾部編成 N1KB（轄兩團） 二、以前 3KA 副軍長烏古廷任 N1KB 旅長 三、以上部隊於十一月卅日編成	部頒新編騎兵旅編制
備考： 以上各改編部隊除經本轅核定 各單位按照編制成立外，編餘騎兵一個連預定撥 N3A，編餘徒步兵預定撥 N5A，分別補充			

調整前部隊	調整後部隊	調整辦法	使用編制
騎一支隊 獨立支隊	N2KB 張志恒	一、以騎一支隊及獨立支隊各縮編為一個團編成 N2KB（轄兩團） 二、以國防部部員張志恒調任 N2KB 旅長，並定於十一月卅日編成	部頒新編騎兵旅編制

調整前部隊	調整後部隊	調整辦法	使用編制
熱北騎兵支隊	T1KR	一、該團限十二月十六日改編完成 二、團長人選正由騎兵司令部報核中	支隊騎兵團之編制
騎兵支隊	T2KR	一、該團限十二月十六日改編完成 二、團長人選正由騎兵司令部報核中	支隊騎兵團之編制
孟克敏部	(1)KR	前撥歸松北總部指揮，又經本轅指撥騎兵司令部整編 該部經騎兵司令部點驗計人馬各千餘，預定編為 N6A 一個騎兵團	
騎二支隊	(1)KR 尚其悅	該支隊改編為一個團，歸 N1A 建制，飭於十一月底編成	支隊騎兵團之編制
騎三支隊	(1)KR	該支隊飭於十一月底改編為 13A 建制騎兵團	支隊騎兵團之編制

附記：本表所列調整部隊自本年九月一日起至十二月底止。

附表（十八）東北各省保安部隊調整實施概況表

遼寧省 原有部隊	調整後部隊／主官	調整辦法	使用 編制
保安司令部 保一團 保二團	保安司令部 保安團 徐箴	一、保安司令部保留 二、兩個保安團併編一個團，收復縣保留一個保安中隊，其他地方團隊一律取銷 三、編餘人員交就近師團管區及省政治隊	原頒 編制
備考： 一、保一團編餘官兵 1,446 員名交遼東師區 二、盤山縣保安大隊編餘官兵 64 員名交黑山團區 三、海城縣清剿隊 122 名交暫五八師 四、司令部及各縣編餘官兵 1,059 員名交遼東師區			

遼北省 原有部隊	調整後部隊／主官	調整辦法	使用 編制
保安司令部 保一團 保二團	保安司令部 保安團 劉翰東	一、保安司令部保留 二、兩個保安團併編一個團，收復縣保留一個保安中隊，其他地方團隊一律取銷 三、編餘人員交就近師團管區及省政治隊	原頒 編制
備考： 一、保一團編餘官 13 員交遼北團區，又資遣官佐 90 員 二、保二團編餘官兵 471 員名交騎兵司令部			

吉林省 原有部隊	調整後部隊／主官	調整辦法	使用編制
保安司令部	保安司令部 保安團→保安旅 梁華盛	甲第一次 一、保安司令部保留 二、兩個保安團併編為一個團，收復縣保留一個保安中隊，其他地方團隊一律取銷 三、編餘人員交就近師團管區及省政治隊 乙第二次 原有一個保安團及地方優秀團隊突擊隊等合編為兩團制之一個旅	一、原頒編制 二、使用三四年乙種師編制
保一團			
保二團			
備考： 一、司令部及保一團編餘官佐 113 員交省政治隊 二、長春市縣保安大隊編餘官兵 424 員名交吉林師區			

安東省 原有部隊	調整後部隊／主官	調整辦法	使用編制
保安司令部	保安科 保安中隊 高惜冰	一、保安司令部縮編為保安科，仍保留保安司令名義 二、兩個保安團縮編為保安中隊，餘均撤銷 三、編餘人員交最近師團管區及省政治隊	保安中隊使用原頒縣保安中隊編制，另增上士軍需一員
保一團			
保二團			
備考： 一、司令部編餘官兵 108 員名交遼東師區 二、保一、二兩團官兵 2,022 員名交遼東師區 三、各縣保安大隊編餘官兵 2,133 員名交遼東師區			

<table>
<tr><th>松江省
原有部隊</th><th>調整後部隊／主官</th><th>調整辦法</th><th>使用編制</th></tr>
<tr><td>保安司令部</td><td rowspan="2">保安科
保安中隊
關吉玉</td><td rowspan="2">一、保安司令部縮編為保安科，仍保留保安司令名義
二、兩個保安團縮編為保安中隊，餘均撤銷
三、編餘人員交最近師團管區及省政治隊</td><td rowspan="2">保安中隊使用原頒縣保安中隊編制，另增上士軍需一員</td></tr>
<tr><td>保安團</td></tr>
<tr><td colspan="4">備考：
一、司令部編餘官兵 644 員名交遼東師區
二、保安團二、三大隊官兵 942 員名交暫五三師</td></tr>
</table>

<table>
<tr><th>嫩江省
原有部隊</th><th>調整後部隊／主官</th><th>調整辦法</th><th>使用編制</th></tr>
<tr><td>保安司令部</td><td rowspan="2">保安科
保安中隊
彭濟群</td><td rowspan="2">一、保安司令部縮編為保安科，仍保留保安司令名義
二、兩個保安團縮編為保安中隊，餘均撤銷
三、編餘人員交最近師團管區及省政治隊</td><td rowspan="2">保安中隊使用原頒縣保安中隊編制，另增上士軍需一員</td></tr>
<tr><td>保安團</td></tr>
<tr><td colspan="4">備考：
一、司令部編餘官兵交省政治隊 18 員、遼東師區 124 員名
二、保安團編餘官兵 514 員名交吉林師區</td></tr>
</table>

<table>
<tr><th>合江省
原有部隊</th><th>調整後部隊／主官</th><th>調整辦法</th><th>使用編制</th></tr>
<tr><td>保安司令部</td><td rowspan="2">保安分隊
吳翰濤</td><td rowspan="2">一、保安司令部及保安團隊均撤銷，保留一個保安分隊
二、編餘人員交就近師團管區及省政治隊</td><td rowspan="2">保安分隊使用原頒縣保安中隊之分隊編制，另增上士文書及雜役兵共四名</td></tr>
<tr><td>保安團</td></tr>
<tr><td colspan="4">備考：
一、司令部及駐瀋團隊編餘官兵 400 員名交遼東師區
二、保安團（駐長春一部）編餘官兵 279 員名交吉林師區</td></tr>
</table>

興安省原有部隊	調整後部隊／主官	調整辦法	使用編制
保安司令部	保安分隊 吳煥章	一、保安司令部及保安團隊均撤銷，保留一個保安分隊 二、編餘人員交就近師團管區及省政治隊	保安分隊使用原頒縣保安中隊之分隊編制，另增上士文書及雜役兵共四名
保安團			
備考： 司令部及所屬團隊編餘官兵交省政治隊 46 員名、遼東師區 164 員名、松北綏靖總部 591 員名			

黑龍江省原有部隊	調整後部隊／主官	調整辦法	使用編制
保安司令部	保安分隊 韓駿傑	一、保安司令部及保安團隊均撤銷，保留一個保安分隊 二、編餘人員交就近師團管區及省政治隊	保安分隊使用原頒縣保安中隊之分隊編制，另增上士文書及雜役兵共四名
保安團			
備考： 司令部及所屬團隊編餘官兵交省政治隊 63 員、遼東師區 1,615 員名			

附記：一、各省保安部隊調整後，編餘人員除縣保安大隊及地方團隊等大多因為六次攻勢尚未整編外，現已具報者共計官兵 13,461 員名。

二、各省保安部隊調整後編制人數共計官兵 13,010 員名（吉林省保安旅在內）。

三、主官姓名係以該直屬最高長官寫。

附表（十九）交通部第二交通警察總局調整實施概況表

<table>
<tr><th colspan="2">原有單位</th><th colspan="2">調整後單位</th><th>主官</th><th>調整辦法</th><th>使用編制</th></tr>
<tr><td>局本部</td><td rowspan="10">十五個警務段</td><td>局本部</td><td rowspan="10">十二個警務段</td><td rowspan="10">馮聖法</td><td rowspan="10">一、原有十五個警務段整編為十二個團（即十二個警務段），並就現實有人數按照核定團之編制編足（能編成一團即成一團）
二、現有武器儘量充實已編成之團使用</td><td rowspan="10">十二個團使用卅六年陸軍步兵團編制</td></tr>
<tr><td>瀋陽區鐵路警務處</td><td>瀋陽區鐵路警務處</td></tr>
<tr><td>錦州區鐵路警務處</td><td>錦州區鐵路警務處</td></tr>
<tr><td>吉林區鐵路警務處</td><td>吉林區鐵路警務處</td></tr>
<tr><td>齊齊哈爾區鐵路警務處</td><td>齊齊哈爾區鐵路警務處</td></tr>
<tr><td>龍江區鐵路警務處教練所</td><td>龍江區鐵路警務處教練所</td></tr>
<tr><td>牡丹江區鐵路警務處教練所</td><td>牡丹江區鐵路警務處教練所</td></tr>
<tr><td>中國長春鐵路警察局局本部</td><td>中國長春鐵路警察局局本部</td></tr>
<tr><td>中國長春鐵路警察局綏大警務處</td><td>中國長春鐵路警察局綏大警務處</td></tr>
<tr><td>中國長春鐵路警察局哈滿警務處</td><td>中國長春鐵路警察局哈滿警務處</td></tr>
</table>

附記：一、該總局備接領新警之六個警務段保留空番號。
二、核定之十二個團（即十二個警務段）調整情形尚未具報。
三、該總局所轄單位編制人數共為 47,466 員名，現實有員警 35,606 員名。

第三、主管業務

其一　監察

一、監察範圍

（一）重要告密之檢舉調查
（二）關於一般控告與指摘並貪污案件之糾舉調查
（三）關於一般軍風紀案件之處理及表報之調製
（四）關於一般資材盜賣敲詐勒索及建設採購案件之處理
（五）關於人員操行與福利調查事宜
（六）關於軍隊經濟行政與法令規章狀況視察事宜

二、本轅年來檢舉重要案件處理情形如附表（一）

三、謹就年來處理監察業務之所見略分述於左

（一）吃空缺、尅扣糧餉、謊報銷耗、盜賣軍火，一年來在東北轄境部隊多有此類事實，不但減損戰力，虛耗國帑，且貪污性成，上下交爭，致使兵心渙散。盜賣軍火於民間，造成地方混亂，輾轉流落匪方，致充實奸匪之實力，雖一再通令嚴禁，但日久玩生，終鮮實效，為澈底整飭計，似應不時派員查點，一經發覺，除當事者從嚴科刑外，對其主管官亦應懲處。

（二）破壞工廠，拆毀公物，年來一般國軍每多任意

摧毀工廠盜賣物資，以圖肥己，更有以武裝部隊作有計劃之拆運機件，搶掠鋼鐵，以致接收二年來之建設事業不但毫無進展，且益見退化，大好公有建築多成廢墟，各種國防工業幾陷毀滅，尤以各地城防工事之構築，每多假公濟私，徵工徵料，拆毀公私建築，盜賣材料，既未達防禦之目的，徒耗公私之資財，喪失政府之威信，犧牲人民之膏血，此種行為若不澈底整飭，前途將不堪設想。嗣後構築城防工事，似應預定計劃，製繪圖表，呈由本轅核准後，統籌資材，撥配工料，決不許自由徵發，以防流弊。

（三）整編軍隊，東北以環境特殊，各地建軍之風甚熾，其中真正赤誠愛國志士固屬甚多，但假借朦蔽企圖升官發財者亦不乏人，此種軍隊多為失意軍人或偽滿軍警假名義以升官發財相號召，網羅土匪，聚集市井流氓，魚目混珠，不但影響軍民合作，抑且妨礙役政之推行，上欺官府，下壓良民，貪污不法，每遇上峰點驗，輒拉夫頂替，尅扣餉糧，更以糧餉不足為名，向民眾強制徵發，空耗國帑，陷民水火，遇戰則退散，甚而影響全局，無事則聚集安全地帶，散住民家，男女雜居，破壞風氣，不但人食馬喂由農民供應，進而更超額多索，變賣肥己，其擾民之行為，實有甚於共匪之鬥爭，塗炭黎民，糜爛地方，既不能保安，反而擾安，於國於民毫無裨益。最初政府為顧慮地方環境，致癱成患，今雖已分別整編，但一部仍假舊隊號散佈各鄉野，到處竄擾，若不積極肅清，穩患堪慮。所謂攘外必先安內，整理辦法約分二項：（一）限期廣為召收，際此徵兵困難之時，將此種散兵指定區域集合後，除有武器者均予整編外，其徒手者擇優撥補缺額，其被迫之良民應使其歸鄉一方，對於指定區域以外之遊雜部隊均予解決。（二）將為首者予以高階，將士兵全部繳械重行改編或集合轉送江南易地整訓，既已整編，其待遇須按國軍同樣補給，如此既可減少兵役之困難，更可增進人民對政府之信仰，軍民真能合作，則東北匪患之平可立待也。

（四）諜報人員之整飭，查諜報之設為偵察敵情防諜，其對象為奸匪而非良民。我東北之諜報人員除上層外，其下層多為偽滿翻譯特務之流，兇橫暴戾愍不畏法，平日三五成群詐索陷害，實為人民附骨之疽，被害者畏其報復不敢告發，甚至控訴與其長官亦視為並無重情，輒以薄責了事，而以姑息養奸。光復後人民最感痛苦多為此輩，為挽民心、整紀綱，對此不法之徒或假借招謠者，應設法密查嚴拿法辦，懲一警百，庶挽頹風而肅軍紀。

（五）自衛隊之整理，自衛隊本為民眾組訓之工作，其原則以全民眾組成之，有事則荷戈以自衛，無事則安分從事生產，政府亦有明令規定，但因建軍之風氣，各縣恆以此而養私人武力，任著軍服，濫帶官階，遊手好閒，毫無訓練，所有糧餉、服裝、械彈均由民眾供給，其待遇反較正規軍為優，不作戰，不訓練，更乏嚴格之管理，每於徵兵之時則濫發證明，形成建軍敗紀殃民，不但有失自衛之本意，抑且增加人民之擔負，亟應糾正，統籌管理，限定額數，規定服制，否則仍按民眾組訓之規程澈底實行改正，並派員監督視察，倘有陽奉陰違，則依法治罪。

附件（一）東北行轅監察組檢舉重要案件統計表

自九月一日起至十二月十五日止

案件起源	二處密報
案件發生日期	8/26
案件發生地點	舊站
隸屬級職姓名	第二支隊第五團團長王桂馨、營長蕭旭升
犯法違紀事實	該團長貪污事洩移恨蕭，擅自扣押欲乘機殺害蕭旭升
監察檢舉經過	經派員帶兵將該案之蕭旭升解轅以免被殺害
最後處置	蕭已保外，案交軍法處

案件起源	人民田慶山、曹貴仁
案件發生日期	10/24
案件發生地點	遼中後尖山子保
隸屬級職姓名	遼中陽士崗子鄉後尖山子保保長宋志山
犯法違紀事實	賄放兵役魚肉鄉民
監察檢舉經過	飭遼寧省府查已屬實在
最後處置	飭依法懲辦中

案件起源	安東保二團官兵
案件發生日期	10/29
案件發生地點	海城一帶
隸屬級職姓名	安東省保安第二團上校團長關岳
犯法違紀事實	貪污瀆職
監察檢舉經過	飭二〇七師查辦
最後處置	未據復

案件起源	第二處雷治平
案件發生日期	10/31
案件發生地點	遼陽
隸屬級職姓名	松北騎兵第三團軍需孫寶臣等五名
犯法違紀事實	強索民糧
監察檢舉經過	飭五二軍拘捕
最後處置	已解轅交法處辦中

案件起源	席岳
案件發生日期	11/6
案件發生地點	耒陽
隸屬級職姓名	青訓九大隊大隊長劉德銘
犯法違紀事實	貪污瀆職尅扣糧餉
監察檢舉經過	具名控告屬實
最後處置	電武漢行轅查辦中

案件起源	主席
案件發生日期	11/6
案件發生地點	瀋陽
隸屬級職姓名	本轅經理處二等佐軍需林德春
犯法違紀事實	假公營商貪污巨款
監察檢舉經過	電北平行轅拘捕
最後處置	已派員往提解中

案件起源	文官處轉陳德源吉
案件發生日期	11/15
案件發生地點	安東
隸屬級職姓名	第六保安區司令李耀慈
犯法違紀事實	貪污巨款六十餘億元
監察檢舉經過	案情實實
最後處置	已交法處併案訊辦

案件起源	密室
案件發生日期	11/18
案件發生地點	本市
隸屬級職姓名	遼東師管區補二團團長巴恕
犯法違紀事實	賣放兵役貪污販毒
監察檢舉經過	列舉事實已飭遼東師管區派員密查中
最後處置	

案件起源	高惜冰、礦務員、資委會
案件發生日期	11/19
案件發生地點	撫順
隸屬級職姓名	二〇七師所屬官兵
犯法違紀事實	強徵礦工及材料拆毀公物
監察檢舉經過	妨礙生產飭二〇七師嚴禁究辦具報
最後處置	派少將高參陳錫民往查

案件起源	第二處嚴立人
案件發生日期	11/19
案件發生地點	四平
隸屬級職姓名	四平飛機場勤務分隊分隊長王者征
犯法違紀事實	以空運販運紙烟二十六箱約值八億元
監察檢舉經過	飭空軍第一軍區查辦中
最後處置	

案件起源	保安綏署、國防部軍務局
案件發生日期	11/25
案件發生地點	山海關
隸屬級職姓名	二〇七師憲兵二〇團士兵
犯法違紀事實	因觀劇衝突致死亡二〇七師兵一名
監察檢舉經過	雙方調查附具證據
最後處置	全案移法處辦理中

案件起源	文官處
案件發生日期	11/27
案件發生地點	瀋陽
隸屬級職姓名	前長官部長官杜聿明、少將張立棟、少將蔣立志
犯法違紀事實	韓金昌鎬控上項各員依勢欺詐房屋
監察檢舉經過	案經監察局會同調查
最後處置	張立棟拘轅法辦中

案件起源	新聞處
案件發生日期	12/1
案件發生地點	撫順
隸屬級職姓名	三六兵站醫院院長及軍需
犯法違紀事實	尅扣傷患主食
監察檢舉經過	據新聞處檢舉
最後處置	派陳鏡清會同衛生處成璞完查報中

案件起源	主席
案件發生日期	12/3
案件發生地點	錦州
隸屬級職姓名	第六兵團所屬部隊參謀處等
犯法違紀事實	貪污不法敗紀殃民軍紀廢弛
監察檢舉經過	派少將秦誠至檢查官侯次公會同往查
最後處置	

案件起源	張楚雄
案件發生日期	12/4
案件發生地點	長春
隸屬級職姓名	前第五保安區司令許賡揚
犯法違紀事實	互控貪污
監察檢舉經過	交軍法處偵訊終結不付會審
最後處置	張楚雄已撤職，許賡揚記過一次

案件起源	主席
案件發生日期	12/9
案件發生地點	四平
隸屬級職姓名	前七十一軍軍長陳明仁、遼北省黨主委羅大愚、行總辦事處趙惠東
犯法違紀事實	搶糧掠財棄職潛逃
監察檢舉經過	已調查完竣簽請核示中，羅、趙交政委會查辦
最後處置	

案件起源	第一保安區報告
案件發生日期	9 月
案件發生地點	興城
隸屬級職姓名	第八支隊朱際凱部團長朱顯延
犯法違紀事實	縱兵擾民
監察檢舉經過	據報屬實
最後處置	已飭第九兵團將該支隊撤銷

案件起源	二處張新報告
案件發生日期	9 月
案件發生地點	遼陽
隸屬級職姓名	吉遼安邊區指揮部辦事處處長徐中一、團長袁凱南
犯法違紀事實	招兵擾民
監察檢舉經過	迭據密報屬實
最後處置	已飭五二軍繳械並將該員等解轅法辦

案件起源	中長路局來電
案件發生日期	9 月
案件發生地點	營口及廟溝
隸屬級職姓名	第九師上士楊樹棠、七一軍某排長
犯法違紀事實	擊斃司爐
監察檢舉經過	經派員調查屬實
最後處置	飭各該部隊解轅法辦及緝拿歸案

案件起源	青訓隊學兵匿名
案件發生日期	9 月
案件發生地點	瀋陽
隸屬級職姓名	青訓第一總隊關隊長
犯法違紀事實	尅扣軍糧強姦女兵
監察檢舉經過	審據屬實
最後處置	交軍法解轅法辦

案件起源	二處情報
案件發生日期	9 月
案件發生地點	錦西虹螺峴
隸屬級職姓名	愛國前進軍部隊長王超
犯法違紀事實	招兵擾民
監察檢舉經過	查干禁令
最後處置	飭據六兵團後已解決

案件起源	資委會報告
案件發生日期	10 月
案件發生地點	瀋陽
隸屬級職姓名	五五師王天任部閻連長
犯法違紀事實	破壞工廠掠奪物資
監察檢舉經過	迭據各機關報告屬實
最後處置	已交軍法解轅法辦

案件起源	國防部
案件發生日期	10 月
案件發生地點	四平
隸屬級職姓名	遼北保安第一團團長張楷
犯法違紀事實	貪污違法
監察檢舉經過	經派員調查屬實
最後處置	已交軍法核辦

案件起源	高立人報告
案件發生日期	10 月
案件發生地點	法庫
隸屬級職姓名	愛國前進軍部隊長占超
犯法違紀事實	招兵擾民
監察檢舉經過	審核有干禁令
最後處置	飭據一〇三三部隊電復已予繳械

案件起源	遼寧省府
案件發生日期	10 月
案件發生地點	瀋陽
隸屬級職姓名	二二二師中校劉俊亭
犯法違紀事實	私押警長
監察檢舉經過	經防守部檢舉
最後處置	已由防守部解轅法辦

案件起源	監察處代電
案件發生日期	11 月
案件發生地點	鐵嶺
隸屬級職姓名	十一支隊司令孟吉榮
犯法違紀事實	賒欠商款拖延不還
監察檢舉經過	來文確鑿
最後處置	經飭復稱已償還並附單據

案件起源	全體官兵、興城縣府、臨參會商民
案件發生日期	9/1
案件發生地點	興城三江口
隸屬級職姓名	騎一支隊司令張漢華
犯法違紀事實	一、搶殺保安隊長 二、擾害勒索地方 三、運糧牟利扣留商民豆餅
監察檢舉經過	派員查察
最後處置	一、全案移軍法 二、豆餅發還原主 三、飭騎兵司令部查辦

案件起源	迭據多人控告
案件發生日期	9/1
案件發生地點	瀋陽
隸屬級職姓名	警幹班第二大隊大隊長蕭右中
犯法違紀事實	冒充少將賣官受賄任用私人
監察檢舉經過	一、飭中訓團繳證中 二、側方查考
最後處置	正簽辦中

案件起源	旅大金同鄉會
案件發生日期	10/7
案件發生地點	營口
隸屬級職姓名	暫五八師師長王家善
犯法違紀事實	扣留難民火油青魚
監察檢舉經過	
最後處置	飭五二軍查辦中

案件起源	遼北省府
案件發生日期	9/5
案件發生地點	清河大橋
隸屬級職姓名	工十二團守橋官兵
犯法違紀事實	勒索商旅
監察檢舉經過	飭解轅法辦
最後處置	原案移法

案件起源	國防部
案件發生日期	11/28
案件發生地點	瀋陽
隸屬級職姓名	製呢廠廠長杜其亭
犯法違紀事實	貪污瀆職
監察檢舉經過	
最後處置	移法併案審訊中

案件起源	暫五五暫三團官兵
案件發生日期	11/17
案件發生地點	瀋陽遼中
隸屬級職姓名	暫五五師師長王天任
犯法違紀事實	苛待部屬驕奢淫佚貪污狂法
監察檢舉經過	俟查明具報再辦
最後處置	飭四九軍派員調查中

案件起源	吳國祥
案件發生日期	11/5
案件發生地點	葫蘆島
隸屬級職姓名	秦葫港口司令部通訊連連長李家賢
犯法違紀事實	貪污瀆職尅扣糧餉
監察檢舉經過	證據准鑿
最後處置	移法拘辦

案件起源	第二處情報
案件發生日期	10/1
案件發生地點	義縣、朝陽
隸屬級職姓名	暫二二師第二團團長安永松
犯法違紀事實	包庇走私運物資敵
監察檢舉經過	經飭六兵團查後不確
最後處置	事實顯然移二處簽辦中

案件起源	多人控告、國防部電
案件發生日期	9/1
案件發生地點	建昌、義縣
隸屬級職姓名	保四支隊司令于大川
犯法違紀事實	貪污狂法敗紀擾民
監察檢舉經過	
最後處置	飭六兵團查辦中

案件起源	國防部電
案件發生日期	9/6
案件發生地點	平泉
隸屬級職姓名	保三支隊大部官兵、保六支隊大部官兵
犯法違紀事實	敗紀擾民
監察檢舉經過	
最後處置	移二處查辦

案件起源	熱府省府、臨參會、寧城縣府、臨參會、赤峰縣府、臨參會、黨部、民眾
案件發生日期	9/6
案件發生地點	葉柏壽公營子
隸屬級職姓名	熱一支隊二團團長萬凌九等
犯法違紀事實	劫財殺人掠機
監察檢舉經過	經派員查實
最後處置	飭六兵團依法拘辦中

案件起源	獨一團官兵
案件發生日期	9/25
案件發生地點	錦州
隸屬級職姓名	暫一師師長郭琦
犯法違紀事實	挪用公款人事紊亂
監察檢舉經過	經派員查實
最後處置	全案移法

案件起源	無名
案件發生日期	9/6
案件發生地點	黑山
隸屬級職姓名	黑山團管區參謀主任劉達三
犯法違紀事實	冒報經歷曾充偽職
監察檢舉經過	曾電國防部核辦復電拘辦
最後處置	拘轅法辦

案件起源	多人控告、國防部電
案件發生日期	9/1
案件發生地點	法庫、康平
隸屬級職姓名	暫五十七師師長陳天喜
犯法違紀事實	貪污瀆職營私舞弊
監察檢舉經過	
最後處置	飭六兵團查辦中

案件起源	主席、國防部、遼北省府、臨參會案
案件發生日期	9/15
案件發生地點	四平
隸屬級職姓名	七十一軍陳明仁全部
犯法違紀事實	掠糧掠財敗紀擾民徵用善救分署物資
監察檢舉經過	經派員查實
最後處置	簽辦中

案件起源	四平軍民
案件發生日期	10/1
案件發生地點	四平
隸屬級職姓名	七十一軍野戰醫院院長劉海青等
犯法違紀事實	盜賣善救分署麵粉數達千萬元
監察檢舉經過	經飭該軍查辦據復並無事實
最後處置	似有其事與陳明仁案併辦中

案件起源	阜新商民
案件發生日期	10/10
案件發生地點	阜新
隸屬級職姓名	第六兵團九十三軍諜報組
犯法違紀事實	敗紀擾民
監察檢舉經過	
最後處置	飭六兵團查辦中

案件起源	國防部
案件發生日期	10/1
案件發生地點	錦州
隸屬級職姓名	第六兵團全部
犯法違紀事實	紀律廢弛
監察檢舉經過	
最後處置	飭該部注意改善

案件起源	迭據多人呈控
案件發生日期	10/1
案件發生地點	海城、遼陽
隸屬級職姓名	安東鳳城保安清剿隊全部
犯法違紀事實	敗紀擾民甚於土匪
監察檢舉經過	經查屬實
最後處置	已分別編併

案件起源	迭據多人呈控
案件發生日期	10/15
案件發生地點	新民
隸屬級職姓名	蒙騎兵包善一、孟克敏等部
犯法違紀事實	徵糧徵草敗紀殘民
監察檢舉經過	
最後處置	飭騎兵司令部查辦中

案件起源	諜員孫深報告
案件發生日期	10/9
案件發生地點	瀋陽
隸屬級職姓名	前長官部高參許世欽
犯法違紀事實	貪污朦蔽
監察檢舉經過	經簽奉批拘訊
最後處置	已拘捕交軍法處訊辦中

案件起源	遼北省府代電、迭據控言
案件發生日期	10/1
案件發生地點	昌圖、開原
隸屬級職姓名	愛國前進軍青年救國軍案大部
犯法違紀事實	敗紀擾民甚於土匪
監察檢舉經過	經查係私自建軍
最後處置	已分別飭駐軍繳械拘辦

其二　兵役督導

一、徵兵令之下達

（一）卅六年度駐東北各部隊缺額之補充，於二月間迭經電請中央速行配賦徵集俾便補充，嗣經國防部電復卅六年度徵兵正統籌中，一俟核定既行徵集，並各部隊缺額可儘先由自新軍撥補。

（二）迄今春東北奸匪蠢動，第四次攻勢情況漸緊，為事實所需，乃權於三月十二日擬定卅六年度東北各部隊缺額徵招補辦法，並電各師團管區開始徵集。

（三）國防部核定東北卅六年度徵額為八萬名，並限五月底前徵足三萬名撥補。

（四）奉主席電限六月底徵足三分之一撥補。

二、徵召及招募情形

（一）八萬名配額於四平戰役前已徵集三三、七七五名，截至目前止共徵集四三、九四三名，如附件（二）。關內先後兩次運東北新兵九二、二一一名，已隨時撥補各國軍部隊，如附件（三）。

（二）於四平會戰前後，東北各師團管區計徵召二十五歲以上壯丁九、九一三名，當撥補暫編師（前各保安區），截至目前止計，實召集一八、八一三名，如附件（四）。

（三）各單位奉准招募志願兵，計八、七二六名，如附件（五），綜合以上實徵召募兵一六三、六九三名。

三、四平會戰期間之措施

（一）吉林遼北師團管區准秩序恢復後再行徵集。

（二）安東團區轉駐瀋陽，但仍留必要人員續行任務。

（三）熱河各縣奸匪竄擾，准儘可能徵集。

（四）為應急需，經電遼東、遼西師區盡量徵（召）集二十一至二十八歲壯丁送瀋，以資應急補充，經電國防部准予備查。

四、四平會戰後之工作要目

（一）頒發一甲一丁運動實施辦法。

（二）為擴大兵源，頒發徵召併行辦法。

（三）各師團管區欠額，統限九月底前徵足。

（四）鑒於農忙時期，為使秋收後養息民力，計當令各師團區自九月十五日起至十二月十六日止停徵兩月，並於停徵期間澈底實施役齡壯丁身家調查。

五、奸匪六次攻勢期間新兵撥補情形

奸匪第六次攻勢期間之兵員撥補，於奸匪第五次蠢動後，東北各國軍部隊缺額經予補充，迨匪第六次攻勢開始，關內運送東北新兵一萬名已陸續運達錦西及瀋陽，當按各部隊任務之緩急依次補充，其少數缺額則酌由東北各師團管區之在營新兵撥補。

六、奸匪第六次攻勢後之處置

（一）當奸匪第六次攻勢潰敗後，東北各國軍缺額已增至十萬餘名，為亟謀補充計，當於十月十六日以（卅六）酉梗代電下達續徵六萬名額，自十一月十六日開始徵集，限十二月底徵足，俾資撥交各部隊，如附件（六）。截至目前止（十一月下旬）各管區已徵集二、九七九名，如附件（七）。

（二）為擴大兵源以利補充起見，經擬訂頒行左記兩項辦法：

1. 東北各省市發動知識青年志願從軍運動實施辦法。
2. 師團管區招致淪陷區役齡壯丁從軍運動實施辦法。

（三）為加強役政，簡化民眾組訓機構，並針對東北環境，依據國民兵組織管理訓練服役規程及院頒各縣市民眾自衛隊組訓規程諸規定，擬定東北各省市縣局旗國民兵組織管理訓練服役實施綱要，右辦法及綱要已分別電達行政院、國防部。

（四）為使續徵兵額能如期如數徵足計，已由本行轅派員分赴各管區督徵。

（五）各管區卅六年度前期配額撥交各部隊新兵情形如附表（八）。

附件（二）
東北各管區三十六年度前期兵員徵撥情形一覽表

遼東師區		
配額		19,000
徵撥情形	已徵	13,677
	消耗	1,319
	撥交	新兵 12,065 散兵 28
	待撥	293
欠額		5,313
召集		8,102
招募抵額		5,152
備考		待撥數 293 名已配第三軍訓班，據電話連絡已交接，惟詳情尚未具報

遼西師區		
配額		21,000
徵撥情形	已徵	16,562
	消耗	270
	撥交	16,292
	待撥	
欠額		4,438
召集		6,940
招募抵額		1,344

吉林師區		
配額		18,000
徵撥情形	已徵	6,588
	消耗	222
	撥交	新兵 6,365 編餘 2
	待撥	1
欠額		11,412
召集		2,570
招募抵額		2,106

<table>
<tr><td colspan="3">遼北團區</td></tr>
<tr><td colspan="2">配額</td><td>10,000</td></tr>
<tr><td rowspan="4">徵撥情形</td><td>已徵</td><td>2,911</td></tr>
<tr><td>消耗</td><td>170</td></tr>
<tr><td>撥交</td><td>2,712</td></tr>
<tr><td>待撥</td><td>29</td></tr>
<tr><td colspan="2">欠額</td><td>7,089</td></tr>
<tr><td colspan="2">召集</td><td></td></tr>
<tr><td colspan="2">招募抵額</td><td>51</td></tr>
<tr><td colspan="2">備考</td><td>待撥數 29 名已配第六補給區，據電話連絡已交接，惟詳情尚未據報</td></tr>
</table>

<table>
<tr><td colspan="3">安東團區</td></tr>
<tr><td colspan="2">配額</td><td>8,500</td></tr>
<tr><td rowspan="4">徵撥情形</td><td>已徵</td><td>4,205</td></tr>
<tr><td>消耗</td><td>1</td></tr>
<tr><td>撥交</td><td>4,204</td></tr>
<tr><td>待撥</td><td></td></tr>
<tr><td colspan="2">欠額</td><td>4,295</td></tr>
<tr><td colspan="2">召集</td><td>1,201</td></tr>
<tr><td colspan="2">招募抵額</td><td>73</td></tr>
</table>

<table>
<tr><td colspan="3">合計</td></tr>
<tr><td colspan="2">配額</td><td>78,500</td></tr>
<tr><td rowspan="4">徵撥情形</td><td>已徵</td><td>43,943</td></tr>
<tr><td>消耗</td><td>1,982</td></tr>
<tr><td>撥交</td><td>新兵 40,990
散餘 30</td></tr>
<tr><td>待撥</td><td>323</td></tr>
<tr><td colspan="2">欠額</td><td>32,557</td></tr>
<tr><td colspan="2">召集</td><td>6,813</td></tr>
<tr><td colspan="2">招募抵額</td><td>8,726</td></tr>
</table>

附件（三）
東北行轅所轄各部隊
三六年度接收關內各省新兵人數統計表

河北省
配額 15,000　運到數 14,617　尚欠數 383

接收情形

部隊番號	新兵人數	接收日期	交接地點
第五二軍	1,209	36/8/13	瀋陽
第六〇軍	4,396		瀋陽
第二〇七師	3,676		瀋陽
第五三軍	800	36/9/1	瀋陽
新六軍	2,474		瀋陽
新一軍	359	36/8/19	瀋陽
第四九軍	1,268	36/9/24	瀋陽
砲七團	435	36/9/21	瀋陽

備考：
（一）六十軍所撥之數計於八月十五日接收 829 名，九月一日接收 1,020 名，九月六日接收 737 名，九月十日接收 1,178 名，九月十五日接收 632 名
（二）第二〇七師接收之數計於八月六日接收 1,679 名，九月一日接收 1,997 名
（三）新六軍所接之數計於八月二日接收 645 名，九月十七日接收 299 名，九月十四日接收 1,009 名，九月二十三日接收 521 名

湖北省
配額 10,000　運到數 8,755　尚欠數 1,245

接收情形

部隊番號	新兵人數	接收日期	交接地點
第五二軍	1,012		錦西
新一軍	3,291		錦西
第六〇軍	2,583		錦西
第九三軍	997	36/8/17	錦西
第七一軍	944	36/8/11	錦西

備考：
（一）五二軍所接之數係由前長官部指撥，接收時間不詳
（二）新一軍第一次接收 1,712 名由前長官部指撥，交接時間不詳，第二次於八月二十一日接收 1,507 名
（三）六十軍於八月五日接收 1,656 名，八月二十五日接收 927 名

閩粵 前配 5,713　現配 5,000　運到數 10,347　尚欠數 366			
接收情形			
部隊番號	新兵人數	接收日期	交接地點
第五二軍	841	36/8/1	錦西
第十三軍	1,421	36/6/1	錦西
第七一軍	4,811		
新六軍	1,774		
新一軍	1,500	36/4/21	
備考： （一）閩省共運到 6,110 名，於五月十五日運到 960 名在四平交七一軍，七月十六到 1,800 名在新民交七一軍，該軍其餘所接之數均係粵省新兵 （二）十三軍所接新兵係由粵東師區撥交 （三）新六軍於五月一日接粵中新兵 596 名，五月七日接粵南新兵 1,178 名 （四）新一軍所接之數係由粵南師區撥交			

浙江 配額 13,000　運到數 12,039　尚欠數 961			
接收情形			
部隊番號	新兵人數	接收日期	交接地點
第九三軍	2,466	36/8/1	錦西
新六軍	2,466		錦西
第五三軍	1,009	36/8/1	錦西
新一軍	836	36/8/11	錦西
第七一軍	1,534	36/9/16	錦西
第四九軍	1,059	36/9/25	錦西
第十三軍	1,961	36/8/21	錦西
第九二軍	500	36/11/7	錦西
第四九軍	208	36/9/30	錦西
備考： （一）新六軍於八月一日接收 980 名，八月十一日接收 1,486 名			

安徽 配額 10,000　運到數 9,583　尚欠數 417			
接收情形			
部隊番號	新兵人數	接收日期	交接地點
新六軍	4,068		
第九三軍	997	36/8/20	錦西
第七一軍	1,383	36/8/18	錦西
新一軍	1,663	36/9/1	錦西
新六〇軍	1,472	36/9/1	錦西
備考： （一）新六軍接收之數係由前長官部指撥，接收日期地點不詳			

江西 配額 10,000　運到數 9,656　尚欠數 344			
接收情形			
部隊番號	新兵人數	接收日期	交接地點
第七一軍	4,424		
第六〇軍	2,903		
第五二軍	1,429	36/10/28	錦西
第九二軍	900	36/11/13	錦西
備考： （一）第七一軍計於八月卅一日接收 1,053 名，九月一日接收 1,142 名，九月七日接收 1,362 名，九月十五日接收 867 名 （二）第六〇軍於八月卅日 1,320 名，九月十二日接收 1,583 名			

湖南 配額 16,000　運到數 15,328　尚欠數 672			
接收情形			
部隊番號	新兵人數	接收日期	交接地點
第二〇七師	1,429	36/8/26	錦西
第六〇軍	1,757	36/8/30	錦西
第七一軍	2,777		
新六軍	4,047		
第四九軍	2,318		
第四九軍	3,000		上海
備考： （一）七一軍於九月一日接收 490 名，九月七日接收 2,287 名 （二）新六軍於九月十五日接收 686 名，九月二十日接收 940 名，九月卅日接收 1,551 名，十月卅日接收 864 名 （三）四九軍於九月二五日接收 966 名，九月卅日接收 1,352 名			

福建 配額 9,000　運到數 8,960　尚欠數 40			
接收情形			
部隊番號	新兵人數	接收日期	交接地點
第四九軍	4,844		錦西
第五二軍	1,500	36/10/27	錦州
新一軍	2,616	36/10/27	瀋陽
備考： 四九軍於九月二十九日接收 1,198，十月三日接收 2,387			

江蘇 配額 3,000　運到數 2,926　尚欠數 74			
接收情形			
部隊番號	新兵人數	接收日期	交接地點
第九三軍	1,102	36/10/17	葫蘆島
第五二軍	1,066	36/10/25	錦西
新三軍	758	36/11/1	錦西

合計 配額 96,713，運到數 92,211，尚欠數 4,022
備考： 蘇閩及「閩粵」等省欠運 480 名未列入尚欠數內

附記：

1. 第一次關內外互調兵額實運到 5,713 名，已列入各部隊接收數內。
2. 第二次配額十萬名（含在上海撥整編四九師之三千名在內），實運到 86,498 名。
3. 蘇、閩、「閩粵」等省欠數甚少，國防部已准予免送。
4. 其餘湘、鄂、贛、皖、冀、浙等六省實欠 4,022 名（蘇、閩、閩粵等省欠運 480 名未計入）。
5. 第二〇七師共撥關內新兵 5,105 名，轉撥六十軍 4,407 名。
6. 第一、二次共計運到 92,211 名，與各部隊接收數同。

附件（四）
三十六年度前東北各保安區及各省保安司令部接收各管區召集兵額一覽表

交兵管區／人數／接收部隊	遼東師區	遼西師區	吉林師區	遼北團區	安東團區	合計
第一保安區	1,129					1,129
第二保安區	194					194
第三保安區						
第四保安區			784			784
第五保安區			1,786			1,786
第六保安區					1,201	1,201
第七保安區	4,014					4,014
第八保安區	1,440					1,440
第九保安區		3,991				3,991
第十保安區	285	823				1,108
第十一保安區	769					769
第十二保安區		252				252
第十三保安區		290				290
遼寧省保安司令部		334				334
黑龍江省保安司令部		1,250				1250
興安省保安司令部	271					271
合計	8,102	6,940	2,570		1,201	18,813

附件（五）
三十六年度各部隊招募東北各管區兵額奉准抵額一覽表

管區 人數 部別	遼東師區	遼西師區	吉林師區	遼北團區	安東團區	合計
憲兵教二團	851	130	208	38	73	1,300
通信技術軍士訓練班	150	56	54			260
傘兵第一大隊	40					40
輜汽第十七團	250					250
第二〇七師	3,861	1,130	1,285			6,276
第二〇八師				1		1
第七一軍				12		12
第一集團軍		28				28
第二交警總局			559			559
合計	5,152	1,344	2,106	51	73	8,726

附記：一、表列各部隊招募人數，係已辦理交接手續，依據各管區報告統計填列。
二、表列數字係截至十月底止。

附件（六）三十六年度東北各師團管區續徵兵額配賦表

管區	配額
遼東師區	21,000
遼西師區	19,000
吉林師區	12,000
遼北直轄團管區	8,000
合計	60,000

附記：一、此次配賦徵兵以不得少於本年度各管區欠徵兵額，及參酌所轄縣市治安情形配賦。
二、本年度前期徵集之各管區欠額不另徵集。
三、安東團區本年度尚欠徵額 4,295 名，因該區所轄縣市全部淪陷不能開徵，故未配賦，如情況許可時另令辦理。
四、熱河團區本年度尚欠徵兵額 666 名，現已劃歸北平行轅管轄，亦未配賦。

附件（七）三十六年度各管區十一月份下旬徵撥統計表

遼東師區	
配額	21,000
已徵	339
欠徵	20,661

遼西師區	
配額	19,000
已徵	263
欠徵	18,737

吉林師區	
配額	12,000
已徵	2297
欠徵	97,031

遼北團區	
配額	8,000
已徵	80
欠徵	7,920

合計	
配額	60,000
已徵	2,979
欠徵	57,021

附記：一、消耗人數係指逃亡剔除轉院之合計數。
二、消耗追回人數係指緝獲逃兵及補徵（剔除）出院者而言。
三、待撥人數係已徵減消耗及撥交後加追回人數。
四、欠徵人數係配額減撥交及待撥人數之比差。

附件（八）
東北各管區三十六年度（前期）配額撥交各部隊新兵一覽表

交兵管區／接兵部隊	遼東師區	遼西師區	吉林師區	遼北團區	安東團區	合計	備考
新一軍	1,998	2,285	2,298		1,327	7,908	
新六軍		2,227				2,227	
第十三軍	1,000	926				1,926	
第五二軍	2,159	2,206	1,000			5,365	
第五三軍	1,180	2,500				3,680	
第六十軍		943	1,186			2,129	
第七一軍	2,882	1,900		1,721	999	7,502	
第九三軍		1,033			1,878	2,911	
第六兵團部		100				100	前第一集團軍
第七兵團部	200					200	前第二兵團
第八兵團部	300					300	前第三兵團
第九兵團部	300					300	前第四兵團
暫五二師			426			426	
暫五三師			309			309	
暫五八師	553					553	
暫五九師	376					376	
裝甲汽車兵團			505			505	
通二團	371					371	
通六團		384				384	
砲七團	214					214	
工十團			643	165		808	
重迫砲十一團		81		229		310	
工十二團				491		491	
輜汽二五團		52				52	
空軍特務旅第三團		784				784	
通十三營		8				8	
第六補給區				128		128	
交警第二總局	154	679				833	

交兵管區 接兵部隊	遼東師區	遼西師區	吉林師區	遼北團區	安東團區	合計	備考
鐵甲列車第三大隊	77					77	
瀋陽防守司令部	124					124	
第三軍官訓練班	470					470	
（前）長官部直屬部隊		184				184	內含前第九保安區接 57 名
合計	12,358	16,292	6,367	2,734	4,204	42,955	內含散兵及編餘士兵共 30 名

附記：一、遼東師區撥交合計數 12,358 名，內含散兵 28 名。
二、吉林師區撥交合計數 6,367 名，內含編餘士兵 2 名。合計 30 名。
三、各管區撥交合計數 41,955 名，內含散兵、編餘士兵共 30 名，故實交新兵為 41,925 名。

其三　情報

一、統一戰訊發佈

為防護軍事機密，統一戰訊發佈，並策劃督導有關軍事宣傳謀略，以期配合剿匪軍事，達成戡亂之目的，爰就前長官部新聞發佈機構充實加強，以本處處長及新聞處第一課課長分兼正副組長，另由本處及第三處策反組各調少中校參謀一員，新聞處調職員二員兼任組員經常駐組負責，並將原策定新聞發佈組計劃及組織綱要修正增強，頒發各部隊及各省保安司令部遵照實施。該項計劃及組織綱要業於本年九月以（卅六）申齊情（一）琪代電呈報國防部備查在案，嗣於本年十二月間戰訊發佈業務奉諭移併本行轅新聞處新聞發佈組辦理。

二、補習參謀教育

為增進參謀人員對參謀業務之智能工作，及統一情報範例藉以提高工作效率，擬定本行轅參謀業務補助教育計劃草案，由參謀長及各處正副處長擔任教官，其教育要領以實用為主，側重重要原則及範例，以期養成各級參謀思維之方法，整理歸納材料之能力。教育時間以六週為一期，每週三次，每次授課二小時，第一期訓練內容定為參謀修養、判斷計劃命令諸種作為，及要圖調製、公文處理，如第一期課程授畢後學員對於參謀業務尚不熟練，得實施第二期教育。本項辦法實施以來頗收實效，各級參謀對於業務之處理均較以前為進步。

三、工作概況

1. 情報之處理

東北幅員遼闊，為便於處理情報業務，特劃分轄區內、轄區外及國際情報三組，以第一課編制人數按上述區分，每組指定組長一員，以綜其成，將每日所收情報按其性質地區分發各組，先後由主管參謀查照現圖、登記情報原薄，並互相參證，然後判斷確實程度，分為確實、可靠、可疑、不確四種，其確實、可靠者，加以研究判斷，摘要繪圖呈閱，分別報通，可疑者再令飭查，不確者暫作參考。至共匪及國際一般軍事政治經濟情報，按其內容緩急分列編列週報月報，其具有戰略政略及國防價值者則隨時整理報通之（情報處理概況如附表）。

2. 情報會報

為適時提供全般情況以為指導作戰之參考資料，並養成各級參謀對全般情況深刻認識，適切處理以增進業務效率，於每週集合有關各處主管參謀舉行情報會報一次，主在研究轄區內及國境蘇、匪、蒙、韓全般軍事政治經濟動態設施，及轄區外共匪黨政軍措施情形，先由各組主管參謀歸納整理研判應提供之報告資料，分別調製圖表，然後依次報告由參謀長及本處正副處長講評指正，俾成為正確資料。

其次對於匪情研判，如發現共匪有竄犯徵候，先由主管組長蒐集整理有關情報資料，集合全組參謀，針對匪我態勢、全國各地共匪動態，以及國際情形先作圖上研究，分析戰術至當及共匪可能行動，然後繪圖立說確定判決呈閱，俾為作戰指導之依據。如共匪第六次竄犯，本處對匪情研判尚稱確實，用收集思廣益之效，故能迅速擊退共匪，並對每一戰役結束後將匪我戰法得失經驗教訓詳加研討，提供意見，俾資改進。

3. 情報網部署

本年元月本轅督察處與前參謀處合併改編為第二處，所屬諜報單位按照國防部頒發編制成立八個組，配備電台五部，每組十人。七月中旬針對情勢需要經熊前主任批准增設五組（每組九人），並增配電台四部，截至九月底止共有十三個組。迨至十月初旬本轅與長官部合併改組所屬組，合及前長官部五十個組，共縮編為十個組，除指一組擔任僑務防諜外，其餘各組就轄區內各要點妥為部署。本年十一月間遵照國防部第二廳（卅六）張倍酉感電調整各組部署，為使各組全部深入匪區，建立匪後情報基點，適時明瞭共匪及國境諸般動態，乃擬定所屬諜報組部署暨情報蒐集實施計劃，經以亥感情（一）甦代電檢附原計劃呈報第二廳核備在案。

同時為確保南滿附近情報網之運用靈活，以期在任何情況下發揮情報效能，導戰局於有利，爰於本年九月間策定瀋陽近郊情報網配置計劃，就原有軍政憲黨警團各級情報機構於市區內外加強配置，綿密實施，並責成黨政警機構應各以其基層組織澈底組訓民眾，庶使效率提高，情報蒐集迅確。

四、保防工作概況

1. 保密策反俘虜管制

本轅為防止奸諜及國際間諜活動，確保軍政機密起見，曾於卅五年十月訂定「國民政府主席東北行轅防諜工作計劃草案」一種，依照前東北保安司令長官部劃分之綏靖區，將東北收復區劃分五個防諜區及瀋陽核心防諜區，規定由各防諜區由最高司令部主持策定該區防諜計劃，並由各該區內黨政軍團憲警各機關及社會各階層嚴密組織防諜網，定期舉行會報督導實施。嗣於本年（卅六）年元月國防部頒「陸海空聯勤各級司令部及各部隊防諜網佈置計劃綱要」一份，因與本轅前訂防諜辦法略有出入，遂參照修訂「國民政府主席東北行轅第二處防諜工作實施辦法」，復於四月訂定「東北行轅保防指導小組實施辦法」，密頒所屬遵照實施，以期嚴密建立防諜網。唯一年以來，東北戰事頻繁，各部隊忙於作戰整補，未能切實實施，廣泛展開工作，各省市政府除遼寧、遼北、安東、瀋陽等五省市遵照保防規定逐步實施外，其餘松北、合江、嫩江、黑龍江、興安、哈爾濱、大連等七省市亦因轄區未曾收復，僅能將各該單位組織保防機構，防止匪諜混入活動，實施機關防護。迄十一月共匪發動六次攻勢，本轅為適應實際需要，乃參照十一個月來之工作經驗及各級保防單位之改進意見，將各級保防組織加以調整，重新部署防諜網，修正前頒保防辦法，實行各級保防會報，頒令各單位實施，嚴格要求積極推行。茲將有關保防事項分述於後。

2. 東北地區防諜網部置情形（如附表）

東北行轅第二處情報處理概況

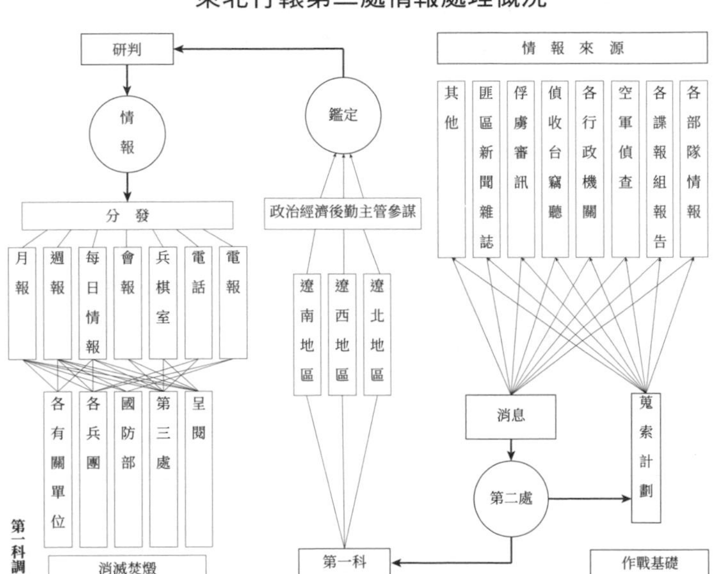

3. 各級保防機構組織情形

各級保防機構組織情形統計表

區分	保防指導小組	直屬防諜組
預定成立組數	五十九組	七十四組
已成立組數	五十四組	七十一組
未成立組數	五組	三組

4. 保防會報實施情形

本行轅卅五年十月訂頒防諜辦法，內即規定各防諜區定期舉行會報。嗣以綏靖區迭因戰局如有所變更，該項會報亦時行時輟。逮八月長官部撤銷，該項會報亦告停止。十一月經依據國防部頒「保密防諜工作實施綱領」第三章第十一條之規定，並參照實際情形，特製定「保防會報實施辦法」，密令各單位實施成立各級保防會報，以加強各地保防工作之聯繫，並規定各級保防會報隨時將會報記錄呈報本行轅備查彙轉國防部。

5. 編製點名冊

本行轅根據保防情報及投俘共匪官兵、被俘逃回官兵與破獲共匪人犯口供，遂時將收復區潛伏不軌份子分別編製點名冊（分共匪、匪嫌、民盟及其他黨派不法組織等），並遂時分飭有關單位監視查報。現為便於查閱起見，正計劃改製點名卡片。

6. 匪探活動偵防情形

本處為加強保防工作，澈底杜絕匪諜活動起見，除對保防情報隨時通令偵防外，並蒐集有關資料，每月彙編「東北地區共匪諜報人員使用暗號標記」一冊通令防組。

本年席由於各地防諜情報之迅速確實，及各工作人員之協同努力，先後破獲重大共匪案件甚多，牽連奸匪重要工作人員眾多，工作地區廣大，工作性質廣泛，經吾人破獲後，幾使瀋陽、長春、吉林、錦州、承德等地共匪潛伏工作完全陷於痲痺，其餘正在進行偵防及較小案件，亦均予共匪潛伏工作以莫大打擊。

7. 郵電密檢工作

查東北收復區郵電密檢工作，迭經國防部指頒實施辦法並來電通知，已指派軍官三員來瀋專負其責，當以經費、人員及密檢工具缺乏，未能即予實施，至五月國防部指派人員，始有一員，到時適各地學潮、工潮彭湃，本轅即飭瀋陽警備司令部根據戒嚴法組設郵電檢查室，分郵檢、電檢（包括監聽電話）、書報檢查、電訊偵察等四組，由在瀋有關單位調用工作人員卅人開始分組工作。工作期間後以人員過少（按瀋市每日信件約二十萬件，工作人員值十二人，且多為新手），因設備簡陋，工作成績無甚大收獲，迨七月中旬瀋陽戒嚴令解除，該項工作亦即同時停止，現正計劃佈置密檢工作中。唯國防部派郵檢人員三員中二員迄未報到，一員又於十二月奉調他處，今後工作將更困難。

8. 編訂部隊代號

本轅自卅六年八月於前長官部編併後，即由本處編定東北地區各部隊代號，現已編定兩期，第二期代號亦正著手計劃中。

9. 交通經濟封鎖工作情形

本轅轄（收復）區對匪區交通經濟封鎖工作，於去歲原由前本轅參謀處著手計劃，由本轅前交通處承辦，截直本年四月份始移交本處承辦。本處接辦後即根據國防部前後所頒「匪區交通經濟封鎖辦法」、「處理禁運匪區物品辦法」、「匪區交通經濟封鎖補充辦法」暨「處理海上禁運匪區物品船隻辦法」等四項辦法，轉發所屬單有關單位遵照實施，惜因各封鎖軍政單位多未能澈底明瞭封鎖真義，致未能全如理想，現正設法改善中。

10. 公共事業之防護

本行轅依照國防部頒有關交通郵電及公共事業防護辦法，責令瀋陽、長春、錦州、營口、撫順、鞍山、吉林等地警備司令部或最高駐軍單位會同當地有關單位■密研討公共事業防護辦法，實施防護，以防奸匪破壞，一年以來除因戰事略有損失外，尚無不幸事件發生。

附件第一
國民政府主席東北行轅保防指導小組及直屬防諜組組織系統表

三十六年十一月二十日

表例：直屬防諜組「直」　各省黨部「黨」
　　　各省支團部「團」　保防指導小組「保」

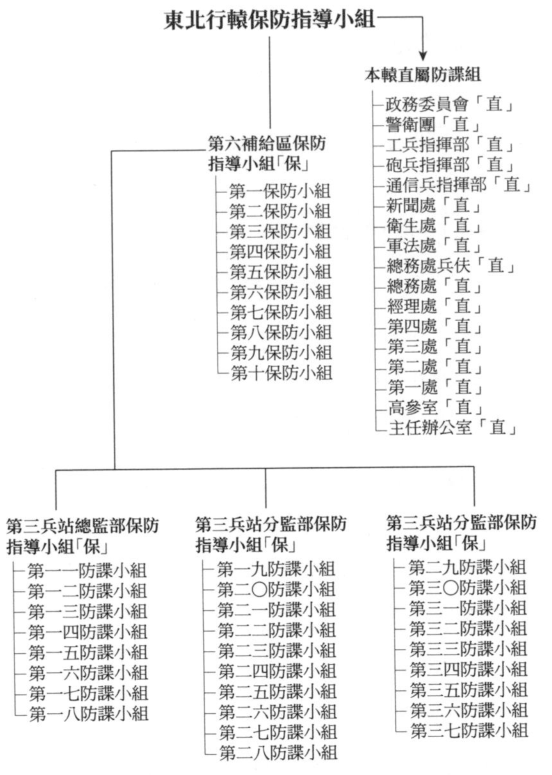

東北行轅保防指導小組

- **第六兵團保防指導小組「保」**----防諜組
- **第七兵團保防指導小組「保」**----防諜組
- **第八兵團保防指導小組「保」**----防諜組
- **第九兵團保防指導小組「保」**----防諜組
- 遼寧省政府「黨團」
- 遼北省政府「黨團」
- 吉林省政府「黨團」
- 安東省政府「黨團」
- 松江省政府「黨團」
- 嫩江省政府「黨團」
- 合江省政府「黨團」
- 興安省政府「黨團」
- 熱河省政府「黨團」
- 黑龍江省政府「黨團」
- 遼寧省保安司令部「保」
- 遼北省保安司令部「保」
- 吉林省保安司令部「保」
- 安東省保安司令部「保」
- 瀋陽市政府保安司令部「保」
- 長春保安司令部「保」
- 大連保安司令部「保」
- 哈爾濱保安司令部「保」
- 遼寧省黨部「保」
- 大連市黨部「保」
- 三民主義青年團遼寧支團「保」
- 中長鐵路局「保」
- 留用日籍員工管理處「保」
- 軍糧計核委員會「保」
- 北寧路護路司令部「保」
- 中央警官學校第六分校「保」
- 中央訓練團東北分團「保」
- 東北敵偽事業資產統一接收委員會「保」
- 善後救濟總署東北分署「保」
- 外交部駐東北特派員辦公處「保」
- 財政部東北特派員辦公處「保」
- 教育部東北特派員辦公處「保」
- 交通部東北特派員辦公處「保」
- 內政部東北特派員辦公處「保」
- 農林部東北特派員辦公處「保」
- 司法部東北特派員辦公處「保」
- 宣傳部東北特派員辦公處「保」
- 水利委員會東北特派員辦公處「保」

東北行轅保防指導小組

- 松北綏靖總司令部「保」
- 東北保安第六支隊「保」
- 秦葫港口司令部「保」
- 騎兵司令部「保」
- 騎一旅
- 騎二旅
- 騎三旅
- 騎四旅
- 蒙旗聯防指揮部「保」
- 砲兵第七團「直」
- 重砲十一團「直」
- 砲兵十二團「直」
- 砲兵十六團「直」
- 獨立工兵第十團「直」
- 獨立工兵十二團「直」
- 輜汽十七團「直」
- 輜汽廿五團「直」
- 通信兵第六團「直」
- 通信兵第九團「直」
- 通信兵十三營「直」
- 裝甲兵團「直」
- 戰車三團一營「直」
- 鐵甲車第三大隊「直」
- 傘兵大隊「直」
- 空軍第一軍區司令部「保」
- 海軍北巡第一艦隊「保」
- 憲兵第六團「直」
- 憲兵教導第二團「直」
- 瀋陽防空司令部「保」
- 長春警備司令部「保」
- 第二〇六旅「直」
- 空軍高射砲獨立第六團「直」
- 綏靖第二大隊「直」
- 綏靖總隊「直」
- 安東省衛大隊「直」
- 聯勤總部第二軍運指揮部「保」
- 鐵道運輸第二軍區指揮部瀋陽指揮所「保」

五、策反工作

1. 本行轅策反委員會時期工作情形

本年元月廿四日奉准以中統局東北特派員辦公處、三民主義青年團遼寧支團部、前長官部第二處政治部及本轅第二處等單位分派人員各組策反委員會，統一事權，期收買效。策反會下設長春日軍招降辦公處、韓軍策反組，並接管前長官之五策反組為中間機構，自二月至八月奉令結束止，於種種困難之下，所得結果頗大，惜以該會取銷後，因戰事關係，大多失卻連絡。

2. 策劃策反業務工作情形

本處自十月份奉命接辦前策反委員會之業務工作，進行情形如次：

（一）擬定策反工作計劃

係根據前策反會之經驗，首先針對當前實際之需要參照國防部頒之「對匪策反方案」訂定「國民政府主席東北行轅策反工作計劃綱要」，業經電請國防部審核，一俟批准，即可密飭各兵團及松江綏靖總司令部秘密實施。

（二）物色策反工作人員

根據國防部核准本轅吸收策反工作人員數目（二〇至四〇名），查經前策反會派出工作人員，於該會撤銷迄今殆皆失卻聯繫，致無法核用，本處接辦該項業務後，為求工作有效起見，對工作員之物色乃抱寧缺勿濫主義，經先後奉准派出工作人員計中、韓、日籍共四員，其分佈情形及工作情形如附件（一）。

（三）加強策反韓共

為加強策反韓共工作，現正利用長延區民主自衛軍步兵第一大隊對外負責人金恩忠（韓人）積極訓練工作人員，預計於卅七年春即行選派具有路線者之幹員進行工作。

（四）策撫殘存日軍

除繼續現行策動之各日匪部外，俟前經國防部介紹之山東省政府調查室留用日人新榮幸雄來瀋後，即可積極展開招撫工作（東北殘存日軍情形詳如附表二）。

附件一

國民政府主席東北行轅業經派員進行策反之各奸匪及日韓共軍現駐位置要圖

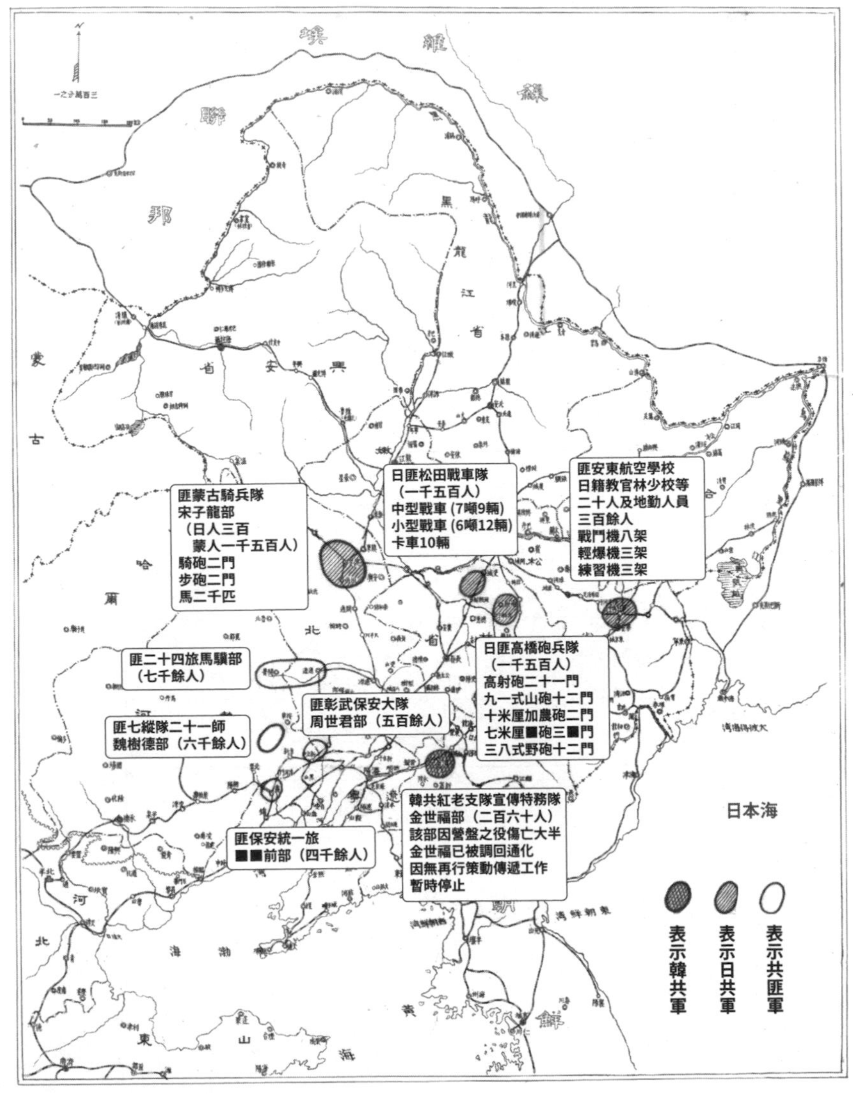

附表二　東北殘存日軍情形表

現用番號	長白部隊 指揮者　宮武富士夫
分別	屯山兵
駐地	長白、茂山
兵力（人員裝備）	人員 40,000　砲 60　馬 2,000
歸日本關東軍番號（指揮者、番號）	後宮淳 第三兵團一四一九七（通信） 一四〇〇四（步兵）
情報來源	日本皇族聯盟

現用番號	東北部隊 指揮者　中野晴夫
分別	屯山兵
駐地	孫吳、佳木斯
兵力（人員裝備）	人員 25,000　步兵裝備
歸日本關東軍番號（指揮者、番號）	後宮淳 第三兵團一四一九七（通信） 一四〇〇四（步兵）
情報來源	日本皇族聯盟

現用番號	牡丹江部隊 指揮者　宮武富士夫
分別	屯山兵
駐地	鏡泊湖、牡丹江岸
兵力（人員裝備）	人員 10,000　步兵裝備
歸日本關東軍番號（指揮者、番號）	後宮淳 第三兵團一四一九七（通信） 一四〇〇四（步兵）
情報來源	日本皇族聯盟

現用番號	玉泉部隊 指揮者　高橋某、今泉靜男
分別	非共
駐地	橫道河子、玉泉
兵力（人員裝備）	人員 4,000　步砲 12　卡車 6
歸日本關東軍番號（指揮者、番號）	左籐少將（參謀） 香坊北安八七四
情報來源	今泉靜男

現用番號	老克山部隊 指揮者　町田某
分別	非共
駐地	敦化、老克山
兵力（人員裝備）	人員 4,000　步兵裝備
歸日本關東軍番號（指揮者、番號）	不詳
情報來源	清水某

現用番號	特殊兵團匪政治部日人班 負責者　仲河路某、森正
分別	共
駐地	佳木斯
兵力（人員裝備）	人員 25
歸日本關東軍番號（指揮者、番號）	
情報來源	森政治部員

現用番號	特殊兵團松田部隊 指揮者　松田梅太郎、戶城元吉
分別	共
駐地	雙城暨農安北方
兵力（人員裝備）	人員 1,500　戰車中型（八噸）9 戰車小型二噸 12　卡車 10
歸日本關東軍番號（指揮者、番號）	
情報來源	森政治部員
備考	松田不在由戶城代理

現用番號	特殊兵團高隊 指揮者　高橋勝
分別	共
駐地	榆樹及吉林西北
兵力（人員裝備）	人員 1,500　高射砲 21　九一式山砲 12 十里加農 2　七糎迫砲 36　三八式野砲 12 馬匹 500
歸日本關東軍番號（指揮者、番號）	
情報來源	森政治部員
備考	隸屬於洪田部隊內

現用番號	特殊兵團蒙古騎兵團 宋子龍
分別	共
駐地	白城子一帶
兵力（人員裝備）	人員 300　蒙籍 1,500　騎砲 2　步兵砲 2 馬匹 2,000
歸日本關東軍番號（指揮者、番號）	
情報來源	森政治部員
備考	蒙日合編

現用番號	服部衛生隊 指揮者　服部某
分別	共
駐地	五常
兵力（人員裝備）	人員 800　裝備不詳
歸日本關東軍番號（指揮者、番號）	
情報來源	森政治部員
備考	由吉東方面強制徵募而編隊者

現用番號	明不部隊 指揮者　明不登
分別	共
駐地	白城子
兵力（人員裝備）	3,000　步兵裝備
歸日本關東軍番號（指揮者、番號）	第三兵團
情報來源	森政治部員
備考	卅六年二月迫降奸匪

現用番號	齊籐兵團 指揮者　石口茂
分別	共
駐地	松北地區
兵力（人員裝備）	25,000　裝備不詳
歸日本關東軍番號（指揮者、番號）	
情報來源	
備考	包含純日奸

一、合計 116,625 人

二、內興安嶺博克圖一帶尚有一部日軍潛匿，消息隔絕三月餘，現況不明。

3. 俘虜管訓工作

查東北地區俘虜管訓工作，卅六年八月份以前悉由前長官部主辦，由集訓營執行匪軍投俘管訓業務，當時僅有俘兵五、七三一名，後以俘兵續有增加，遂由該部請准國防部將集訓營改組青年訓導十二個大隊，於四月一日起始成立，每大隊管訓俘兵九百名，並代管訓國軍被俘歸來官兵及違犯軍風紀士兵共五七九名，後因投俘匪軍增多，經呈奉國防部指示於八月上旬遣送四、五、九，三個大隊，共計遣送學兵二、七〇〇名。長官部併入本轅後，於九月底併編為三個大隊，解散六、十、十二大隊，又於十月初旬遣送一、二、十一大隊至武漢管訓，並於八月資遣老弱殘廢學兵五三四名，十二月資遣四五六名，撥補遼東師管區及各部隊學兵計二、八〇四名。五月間由前長官部將投誠各部匪軍組成步兵獨立第一、二、三、四，四個團，復於九月底併為兩個團，於十月中旬南運鄂贛訓練。迨至十一月匪軍發動六次攻勢，投俘匪軍又行增加，原有兩個青訓大隊之收容量均超出編制名額一倍以上，遂電請國防部准另增設兩個大隊（四、五大隊），於卅六年十二月十六日開始成立，以資收容，並根據國防部規定另設軍官佐收訓大隊一個，專事收容國軍被俘逃回校尉級官佐及失蹤歸來之國軍校尉級官佐，又飭六、八、九兵團成立士兵補訓大隊三個，專事收容國軍被俘逃回士兵及失蹤歸來士兵，以與投俘匪軍分開管訓，該項工作正積極辦理中。

截至十二月十五日止，匪軍投俘暨被俘歸來國軍官兵收容撥遣情形如表（一），匪軍投俘暨被俘歸來國軍收管情形如表（二）。

卅六年度匪軍投俘收管撥遣統計表（一）

卅六年十二月卅一日

增減 月份	迄 上月底 累計數	新收	小計	開除數				本月底 管訓數
				撥補	資遣	逃亡 及 死亡	小計	
一月	5,731	1,387	7,118	312	41	57	410	6,708
二月	7,118	1,775	8,893	724	29	107	860	7,623
三月	8,893	1,971	10,864	5,827	195	37	6,059	3,535
四月	10,864	929	11,793	217	107	19	397	4,067
五月	11,793	1,334	12,927	522	23	13	558	4,843
六月	12,927	1,314	14,241	1,121	32	24	1,177	4,980
七月	14,241	2,255	16,496	479	41	19	539	6,696
八月	16,496	1,885	18,381	4,004	534	20	4,558	4,023
九月	18,381	980	19,361	695	23	11	729	3,283
十月	19,361	955	20,316	2,905	41	26	2,972	2,266
十一月	20,316	2,023	22,339	344	20	25	389	3,900
十二月	22,339	2,252	24,591	136	456	27	619	5,533
合計	22,339	19,060	24,591	17,340	1,542	385	19,267	5,533

附記：一、原隊領回被俘歸來官兵在撥補數內。
　　　二、赴武漢六個大隊，每大隊九百名在撥補數內。
　　　三、取保釋放在資遣數內。

卅六年度匪軍投俘及被俘歸來收管統計表（二）

區分 人數 接收	投誠		俘虜		被俘歸來	小計
	官	兵	官	兵		
一月	7	239	32	914	195	1,387
二月	15	429	43	1012	276	1,775
三月	5	591	28	976	371	1,971
四月	3	212	11	576	127	929
五月	8	197	17	864	248	1,334
六月	16	329	51	702	216	1,314
七月	4	213	34	1,061	943	2,255
八月	11	359	45	607	863	1,885
九月	6	110	13	312	539	980
十月	1	118	16	473	347	955
十一月	8	155	18	855	987	2,023
十二月	1	95	7	1591	558	2,252
總計	85	3,047	315	9,943	5,670	19,060

附記：一、嫌疑在俘虜兵數內。
二、違犯風紀在被俘歸來數內。

六、軍用地圖領發及保管

（一）本處主管之軍用地圖保管及領發業務，上半年度各部隊需圖概由長官部辦理，迨至本年九月末長官部撤消，其全部業務始移歸本轅處理，領發保管程序係依國防部制頒之領發及保管規則辦理，如某部用圖時呈請本轅經核准後逕持發圖通知單全配屬本轅之國防部測量局第四圖站領取，但以情況緊迫，距序列層峰較遠之單位亟用圖時亦有由行轅暫發者，並遇交通梗塞時亦有空運發送各部隊應用者。

安東地區兵要地誌目錄冊

縣市名稱	查報冊數	整編冊數	繕清冊數	備考
通化縣	1	1		待繕中
安東縣	2	1		待繕中
鳳城縣	2	1		待繕中
寬甸縣	2	1		待繕中
輝南縣	3	1		待繕中
柳河縣	2	1		待繕中
海龍縣	1	1		待繕中
桓仁縣	1			缺報告書已飭補報
臨江縣	1			正整編中
東豐縣	3			正整編中
新賓縣	2			正整編中
通化市	1			正整編中

東北各地區兵要地誌目錄清冊

名稱	圖表份數
東北各地氣候溫度調查表	1
葫蘆島區兵要地誌	1
貔子窩大孤山間兵要地誌	1
瓦房店普蘭店間要圖	1
瓦房店普蘭店間道路圖	1
安瀋間道路狀況圖	1
新賓桓仁通化清原間圖	1
岫嚴莊河鳳城間道路圖	1
鴨綠江及渾江流域狀況圖	1
鴨綠江及渾江要圖	1
鴨綠江及渾江兵要地誌	1

熱河地區兵要地誌目錄冊

縣市名稱	查報冊數	整編冊數	繕清冊數	備考
朝陽縣	2	1		待繕
凌源縣	2			整編中
平泉縣	1	1		待繕
建平縣	2	1		待繕
寧城縣	2	1		待繕
赤峰縣	1	1		待繕
阜新縣	2			整編中
凌南縣	2			整編中

遼北地區兵要地誌目錄冊

縣市名稱	查報冊數	整編冊數	繕清冊數	備考
四平市	1			
開原縣	2			
昌圖縣	1			
西豐縣	2			
北豐縣	2			
康平縣	2			
法庫縣	1			
遼源縣	1			
梨樹縣	2			
彰武縣	2	1	4	已報國防部參考
突泉縣	1			無圖
八面城附近	2			

吉林地區兵要地誌目錄冊

縣市名稱	查報冊數	整編冊數	繕清冊數	備考
吉林市	4			
長春市	5			
永吉縣	4			
長春縣	1			
伊通縣	2			
農安縣	1			內容簡單曾以寅支午二誌代電飭令後查
德惠縣	1			內容簡單曾以寅支午二誌代電飭令後查
盤石縣	3			
樺甸縣	3			
舒蘭 榆樹五常	1			
雙陽縣	3			
九台縣	1			內容簡單曾以寅支午二誌代電飭令復查
懷德縣	2			
吉林區 鐵路線路圖	2			
吉林收復區 公路現況表	1			
吉林收復區 公路橋樑表	1			

遼寧市縣兵要地誌目錄清冊

縣市名稱	查報冊數	整編冊數	繕清冊數	備考
錦州市	2			待整
營口市	2	1		待核對後再繕
鞍山市	4			
錦縣	2			內容空虛已飭復查
瀋陽縣	1			內容空虛已飭復查
海城縣	1	1		內容空虛已飭復查
遼陽縣	2	1		內容空虛已飭復查
本溪縣	1			內容空虛已飭復查
撫順縣	7	2		待繕
新民縣	1			內容空虛且缺地圖已飭復查
遼中縣	1	1		內容空虛且缺地圖已飭復查
台安縣	4	1	3	已報國防部參考
黑山縣	3	1		待繕
北鎮縣	3	1	4	已報國防部參考
盤山縣	1	1	3	已報國防部參考
義縣	1	1		內容空虛已飭復查
錦西縣	1			內容空虛且缺地圖已飭復查
興城縣	1			內容空虛且缺地圖已飭復查
綏中縣	1			內容空虛已復查
莊河縣	3	1		待繕
岫巖縣	1	1		待繕
鐵嶺縣	2	1		不完整已復查
瀋陽市	2			待整

其四　教育

一、一般情形

自元月份軍調部結束後，東北各部隊即因任務關係，無較長時期之教育機會，僅於戰隙期中，實施短期訓練，及於任務中行機會教育，幹部之召集教育亦未如期選送，偽滿軍校畢業員生之收訓曾舉辦一期。

在此特殊氣候地區之軍隊，固因其任務之急迫而影響一般教育之進展，但亦因其氣候之特殊與任務之艱危，為其教育之自然目標，致若干部隊已成為日益強韌之勁振，而屢建輝煌之戰績。惟就考察所得，此種因時地以制宜之機會教育，雖有賴於高級統帥之啟示而貫通融會與否，及努力督導實施與否，實繫于軍師團各級主官及其參謀人員是否具有機敏勤奮與堅毅誠篤之性能者為多也。

二、教育重點之指示

甲、精神方面：

A、闡述戡亂建國之意義

B、激發有我無匪之決心與必勝信念

C、警覺其在寒地作戰之重要性，振奮其好逸惡勞之苟安心理，使能樂于向風雪中刻苦鍛練

乙、學科方面：

A、對匪戰法之研究與對策之請求

B、寒地衛生與武器器材之保護

丙、術科方面：

A、 戰鬥射擊（特重狙擊）

B、 行軍（特重強行軍）

C、 構工（養成各級官兵自動構工之習慣）

D、 夜間教育（減少晝間之訓練時間，凡晝間實施之課目均須於夜間復習之，此為重點訓練指示之特點）

E、 耐寒鍛練

1. 風雪天候競走
2. 深雪地競走及滾進
3. 冰上競走
4. 攀登房屋競賽
5. 寒地構工及偽裝

丁、軍民合作

A、 協助地方團隊之整訓使有自衛及參加游擊戰能力

B、 協助保甲清查戶口組織民眾（特重組訓童子軍、盤查哨）

C、 協同地方組訓匪區逃出之壯丁，以為進剿時利用

E、 接近匪區部隊應對民眾有空室搬移之準備訓練

三、幹部之召訓

A、南京軍官團：

于四月份開始召訓團長以上人員，因戰況關係，第一期僅送訓十九員，第二期廿四，第三、四期停

送，第五期十九員，第六期係卅七年元月份召訓，亦以戰況關係奉准停送。

B、中央訓練團東北分團：

本年度送東北分團一至四期受訓幹部共為一二、五八六人。

C、瀋長警備司令部幹部訓練班：

于東北軍官總隊即選調中下級幹部實施短期（三個月）訓練計劃，練三期，共為三、五八〇人，均經分發任用。

D、保安部隊編練處：

設有參謀、諜報、政工、機槍、迫砲、通信、衛生等七個特種訓練班，召集各保安部隊之各兵科及政工幹部施以各該兵科之專門訓練，于本年九月底先後結業。

E、偽滿員生軍官大隊：

考收偽滿軍校畢業之閑散軍官五百人，祇以四個月之軍事及黨政訓練，五月份結業後，全數分發各部任用。

F、陸軍軍官學校第三軍官訓練班：

於本年十二月在撫順成立，預定卅七年元月份開始召訓。

四、特種訓練

滑雪訓練

一、國防部規定：東北國軍應二年內全部完成滑雪訓練。

二、經擬訂滑雪訓練實施計劃奉准實施，繼因戰況緊迫，各部隊不能如期籌辦，乃改訂計劃（經奉准在案），本年度暫由各部隊選送幹部至東北分團訓練。其概況如左：

1. 東北分團共羅致教官九員、助教二十員。
2. 除吉長地區部隊已照原計劃成立滑雪訓練隊外，六、八、九各兵團共選送入東北分團者為一七一員。
3. 自本年十一月開始訓練，預計于卅七年二月份畢業。
4. 本期因事屬創辦，且係臨時改訂計劃，故未能充份實施戰鬥訓練，惟一般已習得中級滑雪訓練之教官問題略可解決矣。

其五　後勤

一、一年來武器彈藥之補給消耗與兵工生產

1. 武器部份

東北各部隊所需武器，係各該部呈報本轅轉電中央核准，分由京滬撥運，以其來源困難，交通梗阻，由本轅分別輕重緩急，依戰役部隊武器損耗、新成立與改編及編制武器不足之部隊先後予以撥補，撥補數量統計如附表（1）。年來各部隊以歷經戰鬥及參與四平、中長、北寧路諸次會戰，對匪軍武器間有鹵獲，但以戰況劇烈，各部隊武器亦多有損耗，其損耗與鹵獲概況如附表（2）。鑒于各部隊武器口徑複雜，品項不一，曾以戌刪補一代電計劃調整在案，藉以劃一兵器，圓滑補給，預期以三月為限，首將各部隊所有不同口徑之武器依次實施調整，其次則就庫存及瀋陽兵工廠出品之武器裝備新成立及改編之各軍師，最後則依美械、國械部隊分別繼續調整。

2. 彈藥部份

本戰區各部隊使用之彈藥，一部由瀋陽九十工廠承製，大部由京滬撥運，惟以戰區過廣，消耗頗鉅，實有求過于供之感。本年度彈藥撥補消耗數量統計如附表（3）。又東北幅員遼闊，據點星羅祺布，共匪竄擾，時刻堪虞，為未雨綢膠計，屯彈計劃以瀋陽為基地，並分屯各據點以策萬全。彈藥屯儲及待補數量詳附表（4）。

3. 兵工生產

東北各兵工廠之機件及器材經蘇軍之拆運與破壞，所剩無幾，嗣後迭經修繕，拾遺補闕，勉復舊觀。本轅為適應部隊需求起見，責由各兵工廠按實際需用計劃生產，如九十工廠製造之步槍彈及手榴彈，與步槍及八二迫砲械彈造成及解繳數量如附表（5）。第三、四汽車機件製造廠承製之 60 迫砲 1,500 門、45 衝鋒槍 4,800 挺均能切合實用，依限完成，此對本戰區戰力之充實不無小補也。

二、一年來人馬軍糧之籌補與電力營房之管制

1. 人馬查報

（一）補給概況

本區部隊機關逐月補給之根據，係依照國防部人馬查報辦法之規定，由各單位向本轅呈報其現有人馬數目，然後按其編制額與人事異動情形核轉補給區予以補給。綜計卅六年度陸海空軍與特種部隊及軍事機關受補人數共六、三六六、五八三人，平均每月補給者約五三○、五四八人，全年馬騾三七一、二六四匹，每月三○、九三八匹。

（二）改革事項

為便於核實補給起見，經制訂「審核辦法」，施行以來對各單位人事異動已能充分掌握，故統計工作漸趨正軌，於補給業務助益甚大（附辦法——第六表）。

2. 馬騾徵補

（一）補充計劃

查馬騾為部隊中之主要輸力工具，故必須適時予以充實，本年度徵補工作分整編前與整編後兩個階段，整編前徵補計劃工作原由本轅經理處主持，迨改編時一度劃歸六補區接辦，惟施行不久，因事實需要，籌補業務無形中復歸本轅第四處辦理，惟採購工作仍由六補給區負責。茲就經過扼要說明於次：

（1）整編前東北各部隊馬騾按最低數估計，需補充12,825匹，經本轅經理處擬訂補充計劃，先後轉報中央核准就地徵補，經分配遼寧省（八、一五〇匹）、遼北省（二、〇九五匹）、吉林省（二、〇〇〇匹）、熱河省（五八〇匹），各省政府代為徵購馬騾價值按當時定價，吉遼區平均每匹流券175,000萬元，熱河省每匹1,400,000萬元，比較後熱河省價格為廉。惟補充計劃雖奉中央批准，但購馬專款卻未匯發，鑒於需要迫切，由經理處呈准飭央行墊撥流券18億8,825萬元，法幣8億1,200萬元，發交省府具領轉發，徵購工作遂於五月開始進行。

（2）整編後新成立之十一個暫編師（原保安部隊）及新設之各級司令部編制，馬騾除原有者外需補充10,966匹（詳見附表七），經呈奉兼主任核准分交第六補給區及九兵團組織購馬委員會分赴各地收購，所需馬款呈准先由本轅墊撥流券5億1,739萬元，計分配第九兵團兩億元、第六補給區參億

1,739 萬元，進行徵購。至補充計劃，本轅已轉報聯勤總部核准撥款歸墊，惟尚未准匯撥。

（二）徵購情形

東北各省產馬縣份產量原極豐富，惟自本年五月以來，各地遭共匪之騷擾擄掠，來源銳減，且以物價上升，因之價格暴漲，不僅影嚮預算，而工作亦難進行。截至本年底止除遼寧省已購交 70% 外，其餘如遼北三省所交者僅及 50%。經簽准嚴令各省府尅期徵足，惟據報物價騰漲，咸請調整馬價，體恤民困。為顧慮事實需要計，乃決定改按議價儘款收購辦法，由代購機關、受補部隊會同辦理，困難問題諒可減少。至整編後應購之馬騾，據第六補給區呈報，指派該區馬政科科長率領官兵十五名及攜帶款項（券幣三千萬元）赴彰武徵購，詎因彰武棄守，該員等下落不明，至第九兵團代為徵購情形尚未據報。本年度馬騾徵補情形詳見附件八。

3. 軍糧籌補

（一）辦理經過

照軍糧年度計算，九月份尚屬卅五年度，十月份則屬於卅六年度，並為元始之月，故軍糧配撥籌補計劃，中央例須重行規定。九月份軍糧之籌備仍照八月份成例辦理，即按 54 萬人需要量，大米 8 萬 2,493 包、高粱米 4 萬 6,200 包，減除內運大米 6 萬包配購撥交，惟本月份略有不同者，即另加十一個暫編師，因各該師原為本行轅所屬13 個保安區改編而成，其所需軍糧亦向本行轅專案飭東北財政金融特派員辦公處轉飭央行撥款，交經濟委員會具領購撥現品補給，事後報行政院轉帳核銷，其補給品種亦與正規軍所配搭之成份不同，蓋正規軍規定係正七什三，各該保安區則為正三什七，正適相反，自改為暫編後之軍糧准聯勤總部戎真經主電告仍將各該部原有糧移交第六補給區接補，已轉知照辦。十月份即屬新年度，所需軍糧配數自當重新規定，前奉主席蔣甲元配軍義經主電核准卅七年度軍糧配撥數，計大米123 萬 6,900 大包，由滬運大米 113 萬 6,900 包，就地購撥大米 10 萬大包，至高粱米由東北徵實糧，中央應得項下配撥 9 萬 2,133 大包，收購省縣級配撥 43 萬 7,962 大包，該項配糧以十二個月平均計算，月為大米 10 萬 3,075 包、高粱 4 萬 4,175 包，約可供 62 萬人食用。惟正糧應由內運者月為 9 萬 4,742 包，就地購撥者 8,333 包，嗣准糧食部電告關於內運正糧月改為 8 萬包，本轅業已申請仍維持原案，尚未准復。

（二）內運糧情形

十至十二月份內運糧遵照主席蔣申元配軍義經主電規定數計算應為 28 萬 4,226 包，嗣准國、糧兩部電告每月改為八萬包運濟，並規定十至十二月份除應運數外，另加運四萬包共為四十萬包於戌月底運齊，每月多運之四萬應抵算元月份以後應運數，惟事實與計劃相差過鉅，據第六補給區呈報截至十二月中旬止共計運到 33 萬 3,379 包，尚欠運 6 萬 9,643 包（如附件九）。按內運糧本以往經驗既不能提前，又不能及時運到，一旦交通被阻，致使補給業務之推動發生嚴重困難，應請國、糧兩部設法改善俾利軍糈。

（三）十至十二月份所需軍糧

除內運正糧 96 萬包外（原規定 113 萬包，嗣准糧部電告改為月運八萬包，以十二個月計算如上述），餘由東北各省徵購，並經十一月六日召開第廿二次軍糧計核會議決定分配各省徵撥數量（如附表十），限十二月一日起至三月底止徵撥完竣，惟遼北、吉林兩省均以戰事關係目前無法即日實行，復經該會決議，遼北、吉林兩省軍糧配額與交接地點數及各地應交期限暫照計劃配定，將來如不能依限達成再行臨時變更。遼寧省按實在需要數量配定，以瀋陽縣為交接地點，限期交清。以上經過已由本轅呈報主席核備。

（四）就地籌購情形

東北今年秋因遭水患，致秋穀歉收，兼以奸匪時在收復縣份竄擾搶糧，故登市糧源甚感缺乏，而內運糧既不能提前又不能及時趕到，深恐徵實無法實施，貽誤補給，經本行轅令飭軍糧計核委會提出會議決定卅六年度全年就地購糧 80 萬 7,000 包（正糧 27 萬 6,900 包、高粱米 53 萬 100 包），除已配購十至明三月份 42 萬包外，其餘 38 萬 7,000 包應即配購，限三月底前購齊，在一月底前交 50 萬包（其中三日內由遼寧省交 5 萬，此後於二月底前交 15 萬包，三月底前再交 15 萬包），所需糧款如頭寸不足，除已撥 42 萬價款外，另再先付 8 萬包之款，其餘陸續撥發。惟查購糧十至明年三月止之 42 萬包，內有 14 萬包為十、十一兩月份應撥交糧，係由本轅經理處承辦時配購（表從略）。關於配購十二月至明年三月份糧及另配購 8 萬包糧（詳見附表十一），惟該項配購糧據第六補給區呈報，截至十二月中旬止僅接收正糧 11 萬 6,566 包、什糧 7 萬 3,670 包（詳見附表十二）。

（五）屯糧情形

本年度上半年奸匪僅竄擾四平以北地區，當時有屯糧八萬包，並可挪借，少數經常糧按照軍隊部署情形分屯於各要（據）點，當能適應戰機，補給圓滑。自六月間匪竄擾四平，繼竄擾遼東、遼西各地屯糧據點，及米糧需要數量逐漸增多，而糧源反較前枯涸：（一）年度屯糧除少數因作戰損失外，其餘移作經糧補給無法還屯；（二）內運糧不能按時運到，經糧不敷補給，自無餘糧控屯，致屯糧計劃多未能實施（詳見屯糧計劃檢討表）；（三）奸匪施行第六次竄擾後，基於爾後作戰方針及兵力部署變更，改定屯糧計劃（詳見附表十四），因感糧源枯涸，本轅擬籌購屯糧一五萬包，並預購經糧四個月份借作屯糧使用，現正積極實施中。

（六）副食

官兵副食標準係由中央統一規定，惟因物價時有波動，強經調整仍感不敷（調整情形見附表十五），如十二月份已增為 9,500 元，若按規定品種數量以市價計算，則每人月需 6 萬 9,840 元（差額比較見附表十六）。為保持官兵健康計，奉准凡參戰部隊自十月十六日起至十一月卅日止，每人每月加發副食費津貼二千元，至實物補給據第六補給區報稱，困難仍多，因大量籌購儲備不特保管不易，且各受領單位因時有遲領情事，致久存腐壞。

（七）馬秣代金

亦係中央統一規定者，惟實物補給辦法尚未實施，代金標準因受物價高漲關係已感不敷（差額比較如附表十七），遂簽准於十一月四日以卅六補二戌支至代電令各省市政府會同補給機關及受補單位暫就規定月支標準按所需品量評價購供，但終以代金與市價相差懸殊，致部隊與民間常發生爭執，亟應改善。

（八）燃料

東北各煤礦生產（九月份以前）供應向能配合，嗣以戰事關係，交通阻絕，產量銳減，以致供不應求。近經各部門之努力結果，產量已漸增加，嚴重問題已告解決（生產概況詳見附表十八）。

4. 電力

（一）統制方針

東北各地之電源，自小豐滿水電於五月間中斷後，本市用電惟賴撫順、本溪及兵工廠之火力發電供應，當時總電量約一萬基羅弱，而全市則需電約二萬六千五百基羅，供求不敷，實感無力普遍供應。為維軍需民食、國營工廠及重要照明需要起見，經簽准凡軍政機關用電均須本行轅核准方可配供，其餘用電一律停止，俟小豐滿電源暢通後即行恢復。自實施管制以來，情形頗稱良好，至十一月下旬撫順電機突生故障，而兵工廠又以存煤不足以致電量驟由八千基羅降至三、四千基羅，不得已乃復將照明用電停供一部，藉資維持軍需民食加工及重要照明用電，爰重行訂定配辦法。

（二）配供標準

（1）第一級照明及動力

（甲）經常供電，（乙）視電源情形儘量供電，（丙）如電源不敷，（甲）（乙）兩項使用時暫停供電。

（2）第二級照明生產

（甲）電源如不敷分配時由二十三點起停供，（乙）電源不足時暫停供電，（丙）輪流供電，其他地區由二十三點起輪流或停供。

（3）第三級照明生產

（1）（2）視電源增減情形斟酌供電，以上配供詳細辦法詳見附件十九。

（4）維護辦法

迭次據報，輸電線路及電氣器材屢有被盜或被破壞情事，不惟有損資材，亦且影響供應，為加強防護起見，爰參照戰時交通器材防護條例制定「東北防護輸電線電器材獎懲辦法」計十五條，經呈准頒佈施行，並已轉報國防部備案，詳見附表二十。

5. 營房

（一）整理修建計劃

東北敵偽之營房多分佈於各戰略據點，規模宏大，建築良好，惟自光復迭遭兵燹拆毀者比比皆是，且以軍役頻興，無暇從事修葺，遂致多數圮廢，完整者無幾。本轅以往雖有計劃統籌修建之議，但以需費浩大，迄未進行。本年秋總長陳蒞臨巡視後，鑒於需要迫切，乃決定擇要興修，並向中央請撥工料費百億元，惟迄未撥匯，嗣經本轅墊撥五五億元，交六補給區主持整修，截至月前止，據報長春、瀋陽、四平、錦州等地已修復之營房約一八九棟，其他尚有少數尚未竣工，所有修繕費支出券幣約 46 億 8,563 萬 2,146 元（詳附表二一）。

（二）分配管理辦法

各地修復之營房已劃撥各當地駐軍或機關使用，鑒於部隊調動頻繁，為設備保持完整計，經制訂「東北營房保管及交接手續須知」一種，規定各住紮部隊在住用期間對於原設施應負保管責任，如有損壞應即賠償，原辦法已通令遵行。東北敵偽房舍自接收後，軍眷與公務人員居者甚多，致時起糾紛，因無明文規定，處理深感困難，為便於管理起見，經訂定「軍政機關眷屬佔用房舍處理法」一種，已通令施行（附表二二）。

三、一年來運輸之概況與車輛配撥購製

1. 鐵路運輸

（一）軍運概況

一年來各鐵路屢遭破壞，車輛亦多被毀或被阻，不克利用，致軍運大受影響，以有關各單位均能共體時艱和衷共濟，在艱困環境下力謀補救，對國軍之運輸補給在可能範圍內尚能發揮大之效能。

現有能運用車輛數目及運輸能力如附表（廿三）。

本年度軍運統計如附表（廿四）。

（二）鐵路巡查警備

東北各鐵路巡查警備，以鐵甲列車為主，巡查列車

為輔，茲分述其概況如次：

（1）鐵甲列車

駐東北區之鐵甲車第三大隊，原有114、115、106、204等四列，年來迭經作戰損毀，僅存115一列堪用，殊為不敷，經於十月中旬令飭東北運輸總局籌備五列，刻正籌辦中。

（2）巡查列車

在本年四月經前長官部調整共為廿列，後因作戰損毀及陸續補充，至十二月經本轅調整為十四列，其巡查區域及使用部隊如附表（廿五）。

（三）改造棚車概況

為顧慮嚴冬酷寒部隊輸送之辛苦，於上年即電請交通部轉飭東北各路局以敞車、平車改造棚車六百輛，年來迭經督飭趕修，以限於款料，現僅完成一七四輛，餘在趕造中，改造工作進度如附表（廿六）。

2. 空運

（一）空投空運

一年來奸匪屢次竄犯，交通被阻斷，各據點之部隊輸送、軍品補給端賴空運空投，對於全盤戰局收效至大，其詳細情形如附表（廿七）。

（二）修理機場

為加強空軍戰力以適應東北戰區需要，本年度經核准修理下列各機場：

（1）修理瀋陽之北陵、東塔，長春之寬城子、大房身，及四平、錦州等機場，共墊付空軍第一軍區司令部18億3千萬元，已報國防部轉飭空軍總司令部歸墊，上項修理工程大部已完成。

（2）修理吉林永吉機場，墊付吉林省政府三億元，已報國防部備案。

（三）機場掃雪

為求雪後飛機不受限制，頒發卅六年度東北各機場掃雪辦法，並墊款一億九千萬元為掃雪津貼費用，已報國防部備案。

3. 海運

葫蘆島

東北軍品物資主要吞吐要港，雖號稱不凍，但冬季亦結相當厚度之冰，足礙航行。本年一至三月下旬以該港向無破冰設備，曾暫時利用秦皇島起卸，頗為不便。年來復以北寧鐵路時遭破壞，維持葫港冬季通航乃不得不預為積極籌劃，在本年秋季即經分電洽妥交通部與海軍總部各為該港改裝專用破冰船一艘備用。惟以改造需時，緩不濟急，為應今冬急需，乃電請水利部飭天津海河工程局暫調借飛凌、沒凌二艘破冰船駛葫，該二船於十二月十一日抵港後以該二船馬力較小，破冰能力不足，乃復電請交通部飭唐沽新港工程局調借1,200 匹馬力之北極號，該船於十二月廿一日到葫，目前該港結冰雖已厚將一尺，以有上述三船經常撞破，航行已告無阻。近准交部亥宥電告該部為葫港改裝之大型破冰船即將由滬發出駛葫，不日即可到達，今冬該港通航可保無虞。本年度秦、葫二港軍品輸出輸入統計如附表（廿八）。

4. 汽車

（一）車數

東北各軍師以編制有駐印軍、整編師、暫編師之不同，成立又有先後之別，致其配有汽車之多寡頗為懸殊。為顧及各部隊過去歷史及實際需要情形，乃暫對新一、六兩軍及所屬各師仍准保留駐印軍之原編制車數，對其他各軍凡不足國防部規定之暫行配賦數（每軍吉普車 7 輛、卡車 45 輛）者統籌補足，超出者暫不收繳，亦不再撥補，以便逐漸調整劃一。本年下季 T234 新卡車六百輛撥來東北後，除以五百輛撥補輜汽十七及二五兩團外，餘百輛撥補各軍，遂以輜汽十七團換下修整完竣之舊車陸續撥補，現各軍雖尚有少數未能按暫行配賦數補，一俟近經奉准撥發東北之一五〇輛新車到達後，即可完全係次補足，至各特種兵團營以及各機關部隊大多保持其原配車數，除特殊情形外，甚少增減調撥。現東北區共有各種燃油車輛五、〇二二輛，東北區各部隊機關現有燃油車輛統計如附表（廿九）。

（二）車況及保養

東北現有燃油車輛除本年新收之 T234 載重車六〇〇輛為新車外，餘均多來自印緬或經多次戰役，行駛平均多超過二萬公里以上，機件輪胎亟待修理配換。至東北區關於軍車保養機構，除各單位本身配屬之一、二級保養排班外，計有駐瀋陽之第三、四汽車機械製造廠及軍械保養營（上列二廠營可大小修車輛）、汽車保養營（該營於必要時組遊動修理隊分赴各地從事修理）等單位，惟多以經費及材料困難關係，未能發揮其最大效能。

卅六年度東北區主要汽車器材收發統計如附表（卅）。

卅六年度東北區各廠修出車輛、輪胎、電瓶數量統計表如附表（卅一）。

5. 汽油

（一）全年收支數量

卅五年度舊存汽油為 141 萬 7,621 加侖，卅六年度新收 412 萬 5,019 加侖，本年度共收入 554 萬 7,840 加侖，共消耗 331 萬 4,576 加侖，結存汽油 222 萬 8,264 加侖。

卅六年度各月份汽油收入數量如附表（卅二）。

（二）耗油概況

東北各部隊現有汽車共約五千餘輛，除新撥到之 T234 車六百輛新車外，餘均行駛在兩萬公里以上，內中除已報廢及待修者約二千輛外，實際經常行駛者僅約三千餘輛，每車每月消耗量將近一百加侖，其原因如左：

（1）隨時戰鬥部隊保持機動。

（2）鐵路多遭破壞，部隊運補以汽車為主。

（3）車齡逾限，保養不足，及公路保養欠佳，耗油較多。

（4）無保溫車庫，冬季隨時發動。

（三）核發標準

（1）參照法規及實際情形，規定每軍部與每師應有各種車輛之標準數及各種車輛每一配油基數應發加侖數（詳如說明）。

（2）凡部隊在負行戰鬥任務期間，准發戰備油，對各軍師應有標準車數以內之各種車輛，按車種依每月各發十五個配油基數之比例核實撥發，對應有標準車數以上之超額車輛，按車種依每 4 月各發二個配油基數之比例核實撥發。

（3）各特種兵團營每次出動按編制內現有車數依車種各發五個配油基數，駐防時每月每車撥發動油三加侖。

6. 大車

（一）購置大車充實部隊輸力

東北各部隊配屬之汽車，以車源缺乏，致年來既按國防部規定之暫行配賦數亦尚多未予補足，加以戰區遼闊，軍品運補輒賴大車以為補助，而各軍師過去多無大車編制，臨時徵催民車固可應急，但對部隊與車戶均多不便。本轅為適應事實需要，乃於八月下旬通飭各軍師照每輛流通券四千萬價格，每軍部 60 輛、每師 120 輛之數量自行價購鐵輪大車，以充實部隊輸力。當時東北部隊計有八個軍、一個整編師、十一個暫編師、一個獨立師 54D，共准購五、二二〇輛。為期早日完成，即由本轅墊撥購車價款廿億八千八百萬元（前經國防部核准價購之膠輪大車一千輛價款併計在內），撥交第六補給區轉發，並報國防部備案，及分請行政院與國防部撥款歸墊。十二月間以新三、五、七等軍新經編成，92 軍新由關內調來，其他各部隊之番號隸屬亦多有調整，乃將業已購置之四、一四九輛重行調整分配，調整後各軍師現有大車輛數如附表（卅三）。

（二）徵僱大車

年來以東北地區戰鬥頻繁，及部隊本身輸力不足，過去各部隊為應急需，輒有強行徵僱或徵用民車，以及久扣不放等情事，極為輿論詬病。本轅為矯正此弊，乃於九月間頒發東北區卅六年度徵僱大車辦法及車馬人夫給與標準通飭遵照，並報國防部備案施行以來，頗收成效。近日物價高漲，為顧慮民間艱苦，乃將給與標準提高，通令於卅七年元月施行。

卅六年及卅七年度東北區徵僱大車日費及夫馬糧料給與標準如附表（三四）。

卅六年度東北各部隊徵僱大車數量如附表（三五）。

附表（一）三十六年度補充各部隊機關武器數量統計表

東北保安司令長官部	
手槍	446 枝

新一軍	
步（騎）槍	3,256 枝
輕機槍	828 挺
重機槍	194 挺
衝鋒槍	966 挺
卡柄槍	200 枝
手槍	113 枝
火箭筒	10 具
槍榴彈筒	100 具
60 迫砲	44 門
81 迫砲	12 門
82 迫砲	16 門

新五軍	
步（騎）槍	5,042 枝
輕機槍	100 挺
重機槍	15 挺
衝鋒槍	196 挺
手槍	9 枝
信號槍	23 枝
60 迫砲	50 門
82 迫砲	12 門

暫三軍	
步（騎）槍	800 枝
重機槍	6 挺
衝鋒槍	100 挺
信號槍	30 枝
火箭筒	6 具
60 迫砲	15 門
82 迫砲	6 門

第六兵團司令部	
輕機槍	26 挺
重機槍	4 挺
手槍	28 枝

新三軍	
步（騎）槍	3,366 枝
輕機槍	222 挺
重機槍	71 挺
衝鋒槍	100 挺
手槍	35 枝
82 迫砲	10 門

新六軍	
步（騎）槍	9,582 枝
輕機槍	967 挺
重機槍	167 挺
衝鋒槍	683 挺
手槍	179 枝
擲榴彈筒	200 具
槍榴彈筒	100 具
60 迫砲	159 門
82 迫砲	32 門
57 戰防砲	30 門
70 步兵砲	21 門
75 山砲	4 門

新七軍	
步（騎）槍	2,185 枝
輕機槍	150 挺
重機槍	48 挺
衝鋒槍	380 挺

十三軍	
步（騎）槍	4,954 枝
輕機槍	569 挺
重機槍	112 挺
衝鋒槍	939 挺
手槍	54 枝
火箭筒	30 具
槍榴彈筒	459 具
60 迫砲	173 門
81 迫砲	2 門
82 迫砲	37 門
20 自動砲	12 門
57 戰防砲	4 門
70 步兵砲	12 門

五二軍	
步（騎）槍	7,264 枝
輕機槍	800 挺
重機槍	157 挺
衝鋒槍	984 挺
手槍	161 枝
信號槍	15 枝
槍榴彈筒	779 具
60 迫砲	155 門
82 迫砲	54 門
57 戰防砲	12 門
70 步兵砲	12 門

六〇軍	
步（騎）槍	8,400 枝
輕機槍	749 挺
重機槍	120 挺
衝鋒槍	1,262 挺
手槍	152 枝
槍榴彈筒	472 具
60 迫砲	233 門
82 迫砲	107 門
57 戰防砲	12 門
70 步兵砲	14 門

四九軍	
步（騎）槍	3,198 枝
輕機槍	206 挺
重機槍	77 挺
衝鋒槍	284 挺
手槍	69 枝
信號槍	18 枝
60 迫砲	95 門
82 迫砲	12 門

五三軍	
步（騎）槍	3,067 枝
輕機槍	214 挺
重機槍	127 挺
衝鋒槍	350 挺
手槍	53 枝
槍榴彈筒	240 具
60 迫砲	150 門
82 迫砲	36 門

七一軍	
步（騎）槍	14,500 枝
輕機槍	1,253 挺
重機槍	204 挺
衝鋒槍	2,516 挺
手槍	252 枝
信號槍	28 枝
火箭筒	29 具
槍榴彈筒	591 具
60 迫砲	367 門
82 迫砲	108 門
20 自動砲	18 門
37 戰防砲	10 門
57 戰防砲	4 門
70 步兵砲	24 門

九三軍	
步（騎）槍	7,013 枝
輕機槍	597 挺
重機槍	130 挺
衝鋒槍	1,130 挺
手槍	136 枝
槍榴彈筒	514 具
60 迫砲	196 門
82 迫砲	73 門
57 戰防砲	18 門

暫五〇師	
步（騎）槍	1,100 枝
輕機槍	55 挺
重機槍	4 挺
衝鋒槍	70 挺
手槍	30 枝
信號槍	14 枝
60 迫砲	56 門
82 迫砲	7 門

暫五三師	
衝鋒槍	7 挺
60 迫砲	12 門

暫五五師	
步（騎）槍	940 枝
重機槍	22 挺
82 迫砲	12 門

暫五九師	
步（騎）槍	142 枝
重機槍	16 挺
衝鋒槍	50 挺
60 迫砲	20 門
82 迫砲	10 門

二〇七師	
步（騎）槍	6,721 枝
輕機槍	763 挺
重機槍	142 挺
衝鋒槍	851 挺
手槍	404 枝
槍榴彈筒	679 具
60 迫砲	216 門
82 迫砲	94 門
57 戰防砲	12 門
75 山砲	4 門

暫五二師	
衝鋒槍	40 挺
60 迫砲	34 門
82 迫砲	6 門

暫五四師	
步（騎）槍	865 枝
重機槍	6 挺
82 迫砲	6 門

暫五八師	
步（騎）槍	700 枝
輕機槍	34 挺
重機槍	23 挺
衝鋒槍	57 挺
手槍	20 枝
60 迫砲	33 門
82 迫砲	6 門
57 戰防砲	4 門

暫六〇師	
重機槍	32 挺
衝鋒槍	77 挺
60 迫砲	59 門
82 迫砲	14 門

暫六一師	
步（騎）槍	1,458 枝
輕機槍	96 挺
重機槍	36 挺
衝鋒槍	70 挺
60 迫砲	70 門
82 迫砲	8 門

重砲十一團	
步（騎）槍	76 枝
輕機槍	8 挺
42 化學迫砲	9 門

工十團	
步（騎）槍	361 枝
衝鋒槍	30 挺
手槍	15 枝

裝甲列車第三大隊	
輕機槍	3 挺
重機槍	3 挺
衝鋒槍	20 挺
手槍	4 枝
信號槍	4 枝
60 迫砲	3 門
75 山砲	1 門

通六團	
步（騎）槍	123 枝
輕機槍	22 挺
衝鋒槍	20 挺
手槍	8 枝

東北行轅警衛團	
衝鋒槍	150 挺
手槍	100 枝

暫六二師	
60 迫砲	40 門

砲七團	
信號槍	14 枝

砲十二團	
信號槍	12 枝

砲十六團	
信號槍	14 枝

裝甲汽車兵團	
步（騎）槍	450 枝
輕機槍	450 挺
重機槍	100 挺
衝鋒槍	200 挺
手槍	100 枝

輜十七團	
步（騎）槍	59 枝
手槍	10 枝

輜二五團	
手槍	10 枝

通獨十三營	
輕機槍	4 挺

通二團五營	
步（騎）槍	50 枝

東北保安司令長官部特務團	
重機槍	2 挺

第七兵團特務營	
步（騎）槍	200 枝
輕機槍	12 挺
重機槍	4 挺
衝鋒槍	30 挺
手槍	60 枝

第九兵團特務營	
步（騎）槍	200 枝
輕機槍	12 挺
重機槍	4 挺
衝鋒槍	30 挺
手槍	60 枝

各保安區	
步（騎）槍	11,400 枝
輕機槍	1,372 挺
重機槍	383 挺
衝鋒槍	113 挺
60 迫砲	12 門
82 迫砲	25 門
20 自動砲	17 門

中訓團東北分團	
步（騎）槍	200 枝
重機槍	4 挺
衝鋒槍	20 挺
60 迫砲	6 門

各省政府	
步（騎）槍	1,565 枝
手槍	50 枝

戰三團三營	
輕機槍	40 挺
衝鋒槍	58 挺
手槍	30 枝

瀋陽區防守司令部	
步（騎）槍	166 枝
手槍	3 枝

第八兵團特務營	
步（騎）槍	200 枝
輕機槍	12 挺
重機槍	4 挺
衝鋒槍	30 挺
手槍	60 枝

憲六團	
輕機槍	20 挺
手槍	100 枝

憲教二團	
步（騎）槍	1,600 枝
輕機槍	3 挺
衝鋒槍	95 挺
手槍	197 枝

各保安支隊	
步（騎）槍	689 枝
輕機槍	100 挺
重機槍	12 挺
衝鋒槍	20 挺
手槍	2 枝
60 迫砲	15 門
82 迫砲	8 門

各省保安部隊	
步（騎）槍	1,632 枝
輕機槍	103 挺
重機槍	18 挺
60 迫砲	10 門
82 迫砲	8 門

騎兵司令部	
步（騎）槍	1,570 枝
重機槍	12 挺
衝鋒槍	450 挺
手槍	45 枝
信號槍	6 枝
60 迫砲	20 門
82 迫砲	9 門

交警第三總隊	
步（騎）槍	3,458 枝
輕機槍	300 挺
衝鋒槍	50 挺
手槍	300 枝
82 迫砲	20 門

九十兵工廠	
輕機槍	792 挺
重機槍	280 挺
衝鋒槍	282 挺
手槍	29 枝
57 戰防砲	4 門

松北綏靖區司令部	
衝鋒槍	20 挺
手槍	10 枝

各團管區	
步（騎）槍	724 枝
輕機槍	8 挺
手槍	18 枝

第五補給區	
槍榴彈筒	200 具

各兵站單位	
步（騎）槍	24 枝
輕機槍	30 挺

瀋陽市警察局	
步（騎）槍	500 枝

其他各機關	
步（騎）槍	2,720 枝
輕機槍	69 挺
重機槍	16 挺
手槍	4 枝

合計	
步（騎）槍	112,502 枝
輕機槍	10,489 挺
重機槍	2,375 挺
衝鋒槍	12,770 挺
卡柄槍	200 枝
手槍	2,356 枝
信號槍	178 枝
火箭筒	75 具
擲榴彈筒	200 具
槍榴彈筒	3,934 具
60 迫砲	2,473 門
81 迫砲	14 門
82 迫砲	736 門
42 化學迫砲	9 門
20 自動砲	47 門
37 戰防砲	10 門
57 戰防砲	100 門
70 步兵砲	83 門
75 山砲	9 門

附記：表列武器數係自三十五年十二月廿一日起至卅六年十二月廿八日止發出數彙列之。

附表一（二）聯勤總部卅六年度發運東北武器數量統計表

卅六年十二月

一月份	
步（騎）槍	2,000 枝
輕機槍	500 枝
重機槍	50 枝
衝鋒槍	100 枝
手槍	180 枝

二月份	
步（騎）槍	450 枝
輕機槍	637 枝
重機槍	300 枝
手槍	200 枝
槍榴彈筒	500 具
60 迫砲	228 門
82 迫砲	14 門
37 戰防砲	10 門

三月份	
輕機槍	417 枝
重機槍	9 枝
槍榴彈筒	200 具
60 迫砲	100 門
20 自動砲	45 門

四月份	
步（騎）槍	10,000 枝
輕機槍	558 枝
重機槍	100 枝
衝鋒槍	296 枝
手槍	279 枝
槍榴彈筒	200 具
火箭筒	36 具
60 迫砲	100 門
82 迫砲	15 門
57 戰防砲	30 門

五月份	
步（騎）槍	1,089 枝
輕機槍	1,549 枝
重機槍	167 枝
衝鋒槍	400 枝
手槍	249 枝
槍榴彈筒	200 具
火箭筒	20 具
60 迫砲	24 門
82 迫砲	70 門

六月份	
步（騎）槍	5,997 枝
輕機槍	526 枝
重機槍	98 枝
衝鋒槍	2,245 枝
手槍	630 枝
槍榴彈筒	444 具
火箭筒	8 具
60 迫砲	150 門
82 迫砲	74 門

七月份	
步（騎）槍	18,955 枝
輕機槍	2,882 枝
重機槍	712 枝
衝鋒槍	3,280 枝
手槍	2,105 枝
槍榴彈筒	1,000 具
60 迫砲	45 門
82 迫砲	194 門
70 步兵砲	48 門

八月份	
步（騎）槍	19,925 枝
輕機槍	565 枝
重機槍	152 枝
衝鋒槍	2,874 枝
擲榴彈筒	200 具
槍榴彈筒	1,160 具
60 迫砲	356 門
82 迫砲	109 門
57 戰防砲	50 門

九月份	
步（騎）槍	3,698 枝
卡賓槍	200 枝
輕機槍	100 枝
重機槍	180 枝
衝鋒槍	1,099 枝
信號槍	272 枝
火箭筒	12 具
照明發射筒	2,000 具
42 化學迫砲	9 門
57 戰防砲	40 門
70 步兵砲	58 門

十月份	
步（騎）槍	7,976 枝
輕機槍	1,105 枝
重機槍	343 枝
衝鋒槍	882 枝
手槍	80 枝
槍榴彈筒	243 具
60 迫砲	160 門
20 自動砲	2 門
37 戰防砲	17 門
41 式 75 山砲	12 門

十一月份	
步（騎）槍	3,000 枝
衝鋒槍	27 枝
82 迫砲	12 門

十二月份	
步（騎）槍	9,993 枝
輕機槍	1,000 枝
重機槍	200 枝
衝鋒槍	2,999 枝
手槍	200 枝
82 迫砲	4 門

合計	
步（騎）槍	86,083 枝
卡賓槍	200 枝
輕機槍	9,849 枝
重機槍	1,311 枝
衝鋒槍	14,202 枝
信號槍	272 枝
手槍	3,863 枝
擲榴彈筒	200 具
槍榴彈筒	3,947 具
火箭筒	76 具
照明發射筒	2,000 具
60 迫砲	1,161 門
82 迫砲	492 門
42 化學迫砲	9 門
20 自動砲	47 門
37 戰防砲	27 門
57 戰防砲	120 門
70 步兵砲	86 門
41 式 75 山砲	12 門

附記：表列數量係於卅六年一月份起至卅六年十二月二十四日止。

附表二（一）東北行轅所屬各單位三六年度自元月至十二月二十五日止作戰武器損耗數量統計表

新一軍	
30 步槍	4,416 枝
77 步槍	479 枝
65 步槍	196 枝
步槍小計	5,091 枝
30 輕機槍	1 挺
303 輕機槍	470 挺
792 輕機槍	3 挺
79 輕機槍	52 挺
65 輕機槍	4 挺
輕機槍小計	530 挺
30 重機槍	104 挺
79 重機槍	3 挺
77 重機槍	17 挺
重機槍小計	124 挺
9mm 手槍	6 枝
日 14 手槍	58 枝
手槍小計	64 枝
45 衝鋒槍	1,449 挺
60 迫砲	199 門
80、81、82 迫砲	47 門
37 戰防砲	6 門
236 火箭砲	50 門
75 山砲	17 門
55 戰防槍	6 挺
槍榴彈筒	488 具
信號槍	64 枝
30 卡柄槍	1 枝

新三軍	
30 步槍	1 枝
79 步槍	10 枝
77 步槍	8 枝
65 步槍	27 枝
步槍小計	46 枝
79 輕機槍	2 挺
輕機槍小計	2 挺

新五軍	
30 步槍	2 枝
79 步槍	10 枝
步槍小計	12 枝
763 手槍	3 枝
765 手槍	1 枝
手槍小計	4 枝
45 衝鋒槍	1 挺
槍榴彈筒	14 具

新六軍	
30 步槍	2,180 枝
65 步槍	84 枝
步槍小計	2,264 枝
303 輕機槍	156 挺
792 輕機槍	11 挺
79 輕機槍	6 挺
65 輕機槍	1 挺
輕機槍小計	174 挺
30 重機槍	47 挺
重機槍小計	47 挺
763 手槍	31 枝
765 手槍	1 枝
9mm 手槍	24 枝
日 14 手槍	16 枝
雜式手槍	3 枝
手槍小計	75 枝
45 衝鋒槍	532 挺
60 迫砲	89 門
80、81、82 迫砲	9 門
236 火箭砲	8 門
75 山砲	9 門
105 榴彈砲	4 門
70 步兵砲	2 門
55 戰防槍	3 挺
槍榴彈筒	96 具
擲榴彈筒	9 具
信號槍	23 枝
30 槍榴步槍	94 枝
30 卡柄槍	58 枝

新七軍	
30 步槍	56 枝
65 步槍	1,181 枝
步槍小計	1,237 枝
79 輕機槍	69 挺
65 輕機槍	22 挺
輕機槍小計	91 挺
65 重機槍	12 挺
重機槍小計	12 挺
45 衝鋒槍	21 挺
60 迫砲	3 門

十三軍	
30 步槍	2,407 枝
步槍小計	2,407 枝
303 輕機槍	1 挺
792 輕機槍	288 挺
65 輕機槍	11 挺
輕機槍小計	300 挺
30 重機槍	48 挺
重機槍小計	48 挺
763 手槍	108 枝
日 14 手槍	1 枝
手槍小計	109 枝
45 衝鋒槍	1,032 挺
60 迫砲	26 門
80、81、82 迫砲	36 門
37 戰防砲	11 門
236 火箭砲	44 門
75 山砲	9 門
55 戰防槍	2 挺
槍榴彈筒	332 具
信號槍	29 枝

五三軍	
30 步槍	4,551 枝
79 步槍	4 枝
65 步槍	1 枝
步槍小計	4,556 枝
303 輕機槍	338 挺
792 輕機槍	3 挺
輕機槍小計	341 挺
30 重機槍	64 挺
重機槍小計	64 挺
763 手槍	49 枝
9mm 手槍	21 枝
雜式手槍	14 枝
手槍小計	84 枝
45 衝鋒槍	668 挺
60 迫砲	91 門
80、81、82 迫砲	32 門
37 戰防砲	8 門
236 火箭砲	22 門
75 山砲	12 門
55 戰防槍	12 挺
槍榴彈筒	54 具
信號槍	7 枝

五二軍	
30 步槍	1,692 枝
79 步槍	4,492 枝
65 步槍	694 枝
步槍小計	6,878 枝
30 輕機槍	29 挺
303 輕機槍	21 挺
792 輕機槍	2 挺
79 輕機槍	487 挺
輕機槍小計	539 挺
30 重機槍	11 挺
79 重機槍	55 挺
重機槍小計	66 挺
763 手槍	146 枝
9mm 手槍	8 枝
日 14 手槍	7 枝
手槍小計	161 枝
45 衝鋒槍	502 挺
60 迫砲	111 門
80、81、82 迫砲	54 門
37 戰防砲	2 門
75 山砲	5 門
75 野砲	4 門
55 戰防槍	9 挺
擲榴彈筒	791 具
信號槍	72 枝

六〇軍	
30 步槍	134 枝
79 步槍	6,497 枝
77 步槍	4 枝
65 步槍	33 枝
步槍小計	6,658 枝
30 輕機槍	6 挺
303 輕機槍	37 挺
792 輕機槍	25 挺
79 輕機槍	537 挺
77 輕機槍	7 挺
762 輕機槍	12 挺
輕機槍小計	624 挺
79 重機槍	136 挺
重機槍小計	136 挺
763 手槍	91 枝
9mm 手槍	12 枝
日 14 手槍	22 枝
雜式手槍	5 枝
手槍小計	130 枝
45 衝鋒槍	494 挺
60 迫砲	139 門
80、81、82 迫砲	101 門
37 戰防砲	15 門
236 火箭砲	19 門
75 山砲	11 門
2cm 蘇洛通砲	1 門
55 戰防槍	14 挺
槍榴彈筒	352 具
擲榴彈筒	187 具
信號槍	55 枝

七一軍	
30 步槍	14,008 枝
79 步槍	1,467 枝
65 步槍	4 枝
步槍小計	15,479 枝
30 輕機槍	78 挺
303 輕機槍	63 挺
792 輕機槍	548 挺
79 輕機槍	324 挺
輕機槍小計	1,013 挺
30 重機槍	125 挺
79 重機槍	64 挺
77 重機槍	13 挺
重機槍小計	202 挺
763 手槍	44 枝
9mm 手槍	93 枝
日 14 手槍	3 枝
手槍小計	140 枝
45 衝鋒槍	2,228 挺
60 迫砲	235 門
80、81、82 迫砲	65 門
37 戰防砲	54 門
236 火箭砲	89 門
75 山砲	9 門
105 榴彈砲	7 門
2cm 蘇洛通砲	4 門
55 戰防槍	25 挺
槍榴彈筒	327 具
信號槍	74 枝
照明槍	2 枝

九二軍	
79 步槍	1,104 枝
65 步槍	5 枝
步槍小計	1,109 枝
79 輕機槍	1,156 挺
輕機槍小計	1,156 挺
79 重機槍	43 挺
重機槍小計	43 挺
763 手槍	88 枝
9mm 手槍	1 枝
雜式手槍	24 枝
手槍小計	113 枝
45 衝鋒槍	167 挺
60 迫砲	38 門
80、81、82 迫砲	24 門
105 榴彈砲	2 門
55 戰防槍	12 挺
槍榴彈筒	156 具
擲榴彈筒	40 具
信號槍	8 枝

二〇七師	
30 步槍	2,007 枝
步槍小計	2,007 枝
303 輕機槍	79 挺
792 輕機槍	57 挺
79 輕機槍	25 挺
輕機槍小計	161 挺
30 重機槍	55 挺
79 重機槍	31 挺
重機槍小計	86 挺
763 手槍	6 枝
9mm 手槍	40 枝
手槍小計	46 枝
45 衝鋒槍	364 挺
60 迫砲	52 門
80、81、82 迫砲	11 門
236 火箭砲	2 門
75 山砲	4 門
55 戰防槍	2 挺
槍榴彈筒	141 具
信號槍	9 枝

九十三軍	
30 步槍	117 枝
79 步槍	1,973 枝
步槍小計	2,090 枝
303 輕機槍	8 挺
792 輕機槍	56 挺
79 輕機槍	160 挺
輕機槍小計	224 挺
79 重機槍	69 挺
重機槍小計	69 挺
763 手槍	38 枝
9mm 手槍	3 枝
日 14 手槍	4 枝
手槍小計	45 枝
45 衝鋒槍	366 挺
60 迫砲	43 門
80、81、82 迫砲	33 門
236 火箭砲	5 門
75 山砲	6 門
2cm 蘇洛通砲	4 門
槍榴彈筒	101 具
信號槍	9 枝

四九軍	
79 步槍	3,471 枝
65 步槍	5 枝
步槍小計	3,476 枝
792 輕機槍	206 挺
79 輕機槍	199 挺
輕機槍小計	405 挺
79 重機槍	60 挺
重機槍小計	60 挺
763 手槍	180 枝
765 手槍	22 枝
9mm 手槍	18 枝
日 14 手槍	44 枝
雜式手槍	16 枝
手槍小計	280 枝
45 衝鋒槍	242 挺
60 迫砲	63 門
80、81、82 迫砲	27 門
75 山砲	10 門
槍榴彈筒	90 具
擲榴彈筒	126 具
信號槍	11 枝

暫五〇師	
77 步槍	592 枝
步槍小計	592 枝
79 輕機槍	14 挺
77 輕機槍	19 挺
65 輕機槍	7 挺
輕機槍小計	40 挺
77 重機槍	8 挺
重機槍小計	8 挺
45 衝鋒槍	6 挺

暫五一師	
77 步槍	686 枝
步槍小計	686 枝
79 輕機槍	52 挺
輕機槍小計	52 挺
77 重機槍	14 挺
重機槍小計	14 挺
60 迫砲	3 門

暫五二師	
30 步槍	14 枝
79 步槍	119 枝
77 步槍	600 枝
65 步槍	13 枝
步槍小計	736 枝
79 輕機槍	34 挺
65 輕機槍	8 挺
輕機槍小計	42 挺
77 重機槍	13 挺
重機槍小計	13 挺
45 衝鋒槍	4 挺
60 迫砲	2 門

暫五七師	
79 步槍	670 枝
65 步槍	53 枝
步槍小計	723 枝
79 輕機槍	21 挺
77 輕機槍	6 挺
65 輕機槍	11 挺
輕機槍小計	38 挺
763 手槍	211 枝
手槍小計	211 枝
60 迫砲	2 門
80、81、82 迫砲	2 門
擲榴彈筒	43 具

第六兵團特務團	
79 步槍	16 枝
步槍小計	16 枝
79 輕機槍	2 挺
輕機槍小計	2 挺
79 重機槍	1 挺
重機槍小計	1 挺
763 手槍	2 枝
手槍小計	2 枝
45 衝鋒槍	1 挺

前長官特務部團	
30 步槍	19 枝
步槍小計	19 枝
303 輕機槍	4 挺
79 輕機槍	1 挺
輕機槍小計	5 挺
30 重機槍	2 挺
重機槍小計	2 挺
763 手槍	1 枝
手槍小計	1 枝
45 衝鋒槍	11 挺

前長官部所屬各保安區	
30 步槍	146 枝
79 步槍	1,308 枝
77 步槍	4,375 枝
65 步槍	2,451 枝
步槍小計	8,280 枝
79 輕機槍	46 挺
77 輕機槍	69 挺
65 輕機槍	152 挺
762 輕機槍	19 挺
輕機槍小計	286 挺
77 重機槍	99 挺
65 重機槍	6 挺
重機槍小計	105 挺
763 手槍	729 枝
雜式手槍	59 枝
手槍小計	788 枝
45 衝鋒槍	52 挺
60 迫砲	16 門
80、81、82 迫砲	17 門
槍榴彈筒	171 具

通六團	
79 步槍	77 枝
65 步槍	30 枝
步槍小計	107 枝
763 手槍	1 枝
日 14 手槍	5 枝
雜式手槍	1 枝
手槍小計	7 枝

砲十六團	
79 步槍	26 枝
步槍小計	26 枝
79 輕機槍	3 挺
輕機槍小計	3 挺
日 14 手槍	2 枝
手槍小計	2 枝
45 衝鋒槍	8 挺
75 野砲	4 門
信號槍	1 枝

重砲十一團	
30 步槍	291 枝
79 步槍	1 枝
步槍小計	292 枝
303 輕機槍	24 挺
輕機槍小計	24 挺
763 手槍	1 枝
9mm 手槍	3 枝
日 14 手槍	1 枝
手槍小計	5 枝
45 衝鋒槍	67 挺
42 重迫砲	22 門
信號槍	5 枝

砲十二團	
65 步槍	1 枝
步槍小計	1 枝
45 衝鋒槍	1 挺
信號槍	1 枝

工十團	
30 步槍	362 枝
步槍小計	362 枝
303 輕機槍	16 挺
輕機槍小計	16 挺
30 重機槍	10 挺
重機槍小計	10 挺
763 手槍	7 枝
手槍小計	7 枝
45 衝鋒槍	40 挺

輜汽十七團	
79 步槍	9 枝
65 步槍	2 枝
步槍小計	11 枝

裝甲兵團	
79 步槍	16 枝
步槍小計	16 枝
792 輕機槍	16 挺
79 輕機槍	6 挺
輕機槍小計	22 挺
79 重機槍	6 挺
重機槍小計	6 挺
763 手槍	7 枝
日 14 手槍	3 枝
手槍小計	10 枝
45 衝鋒槍	14 挺

交警第二總局	
79 步槍	289 枝
77 步槍	293 枝
65 步槍	1,309 枝
762 步槍	27 枝
步槍小計	1,918 枝
792 輕機槍	1 挺
79 輕機槍	21 挺
輕機槍小計	22 挺
79 重機槍	1 挺
77 重機槍	3 挺
重機槍小計	4 挺
763 手槍	7 枝
9mm 手槍	1 枝
日 14 手槍	24 枝
手槍小計	32 枝
45 衝鋒槍	31 挺
30 卡柄槍	3 枝

輜汽二五團	
79 步槍	4 枝
65 步槍	10 枝
步槍小計	14 枝

前交警十三總隊	
30 卡柄槍	1 枝

鐵甲列車第三大隊	
79 步槍	41 枝
65 步槍	11 枝
步槍小計	52 枝
79 輕機槍	2 挺
輕機槍小計	2 挺
79 重機槍	1 挺
77 重機槍	1 挺
重機槍小計	2 挺
雜式手槍	4 枝
手槍小計	4 枝
75 山砲	1 門
擲榴彈筒	1 具

前交警十四總隊	
79 步槍	5 枝
65 步槍	29 枝
步槍小計	34 枝
762 輕機槍	1 挺
輕機槍小計	1 挺
763 手槍	5 枝
日 14 手槍	5 枝
手槍小計	10 枝
45 衝鋒槍	4 挺
30 卡柄槍	4 枝

保安第一支隊	
30 步槍	1 枝
79 步槍	5 枝
77 步槍	169 枝
65 步槍	12 枝
步槍小計	189 枝
762 輕機槍	1 挺
輕機槍小計	1 挺
77 重機槍	1 挺
重機槍小計	1 挺
45 衝鋒槍	4 挺
60 迫砲	3 門

保安第二支隊	
30 步槍	12 枝
79 步槍	227 枝
77 步槍	728 枝
65 步槍	399 枝
762 步槍	47 枝
步槍小計	1,413 枝
303 輕機槍	1 挺
79 輕機槍	4 挺
77 輕機槍	7 挺
65 輕機槍	5 挺
762 輕機槍	3 挺
高射輕機槍	1 挺
輕機槍小計	21 挺
77 重機槍	2 挺
重機槍小計	2 挺
763 手槍	38 枝
雜式手槍	30 枝
手槍小計	68 枝
45 衝鋒槍	8 挺
60 迫砲	9 門
擲榴彈筒	11 具

保安第七支隊	
79 步槍	945 枝
77 步槍	32 枝
65 步槍	139 枝
雜式步槍	1 枝
步槍小計	1,117 枝
79 輕機槍	17 挺
77 輕機槍	6 挺
65 輕機槍	2 挺
輕機槍小計	25 挺
77 重機槍	20 挺
重機槍小計	20 挺
日 14 手槍	66 枝
雜式手槍	2 枝
手槍小計	68 枝
45 衝鋒槍	48 挺
60 迫砲	13 門
擲榴彈筒	9 具
25 機關砲	22 門

保安第四支隊	
79 步槍	138 枝
77 步槍	716 枝
65 步槍	93 枝
762 步槍	7 枝
步槍小計	954 枝
792 輕機槍	6 挺
79 輕機槍	5 挺
65 輕機槍	1 挺
輕機槍小計	12 挺
77 重機槍	1 挺
重機槍小計	1 挺
763 手槍	15 枝
手槍小計	15 枝
45 衝鋒槍	22 挺
60 迫砲	6 門
擲榴彈筒	11 具

保安第三支隊	
77 步槍	69 枝
65 步槍	9 枝
步槍小計	78 枝
擲榴彈筒	1 具

保安第八支隊	
65 步槍	120 枝
步槍小計	120 枝

保安第十支隊	
77 步槍	119 枝
65 步槍	26 枝
步槍小計	145 枝
79 輕機槍	4 挺
輕機槍小計	4 挺

保安第十一支隊	
30 步槍	4 枝
79 步槍	54 枝
77 步槍	1,080 枝
65 步槍	142 枝
雜式步槍	67 枝
步槍小計	1347 枝
77 重機槍	1 挺
重機槍小計	1 挺
45 衝鋒槍	1 挺
60 迫砲	5 門
擲榴彈筒	9 具

騎兵第二旅	
30 步槍	8 枝
79 步槍	22 枝
77 步槍	20 枝
65 步槍	47 枝
步槍小計	97 枝
763 手槍	2 枝
765 手槍	3 枝
手槍小計	5 枝
45 衝鋒槍	2 挺

騎兵第三旅	
30 步槍	146 枝
79 步槍	174 枝
77 步槍	35 枝
65 步槍	179 枝
步槍小計	534 枝
65 重機槍	1 挺
重機槍小計	1 挺
763 手槍	110 枝
雜式手槍	59 枝
手槍小計	169 枝
45 衝鋒槍	19 挺
60 迫砲	5 門
80、81、82 迫砲	2 門
擲榴彈筒	17 具

騎兵第三軍	
77 步槍	1 枝
步槍小計	1 枝

騎兵第四旅	
79 步槍	20 枝
77 步槍	10 枝
65 步槍	8 枝
步槍小計	38 枝
762 輕機槍	9 挺
輕機槍小計	9 挺
雜式手槍	32 枝
手槍小計	32 枝
擲榴彈筒	1 具

遼寧省保安司令部	
79 步槍	253 枝
77 步槍	235 枝
65 步槍	943 枝
雜式步槍	79 枝
步槍小計	1,501 枝
77 輕機槍	6 挺
65 輕機槍	3 挺
輕機槍小計	9 挺
763 手槍	7 枝
765 手槍	2 枝
雜式手槍	33 枝
手槍小計	42 枝
擲榴彈筒	1 具

遼北省保安司令部	
79 步槍	86 枝
77 步槍	429 枝
65 步槍	361 枝
雜式步槍	6 枝
步槍小計	882 枝
30 輕機槍	3 挺
79 輕機槍	3 挺
77 輕機槍	5 挺
65 輕機槍	10 挺
輕機槍小計	21 挺
77 重機槍	1 挺
重機槍小計	1 挺
日 14 手槍	8 枝
雜式手槍	13 枝
手槍小計	21 枝
擲榴彈筒	1 具

吉林省保安司令部	
79 步槍	169 枝
77 步槍	834 枝
65 步槍	228 枝
步槍小計	1,231 枝
79 輕機槍	1 挺
65 輕機槍	1 挺
輕機槍小計	2 挺
77 重機槍	1 挺
重機槍小計	1 挺
擲榴彈筒	3 具

黑龍江省保安司令部	
79 步槍	5 枝
77 步槍	19 枝
65 步槍	5 枝
雜式步槍	4 枝
步槍小計	33 枝
763 手槍	1 枝
765 手槍	1 枝
日 14 手槍	3 枝
雜式手槍	2 枝
手槍小計	7 枝

安東省保安司令部	
79 步槍	80 枝
77 步槍	1,838 枝
65 步槍	56 枝
雜式步槍	562 枝
步槍小計	2,536 枝
79 輕機槍	14 挺
77 輕機槍	3 挺
65 輕機槍	6 挺
輕機槍小計	23 挺
79 重機槍	2 挺
重機槍小計	2 挺
763 手槍	3 枝
雜式手槍	37 枝
手槍小計	40 枝
80、81、82 迫砲	7 門
槍榴彈筒	1 具
擲榴彈筒	4 具

松江省保安司令部	
79 步槍	198 枝
77 步槍	290 枝
65 步槍	105 枝
步槍小計	593 枝
79 輕機槍	1 挺
65 輕機槍	9 挺
輕機槍小計	10 挺
擲榴彈筒	2 具

嫩江省保安司令部	
79 步槍	10 枝
77 步槍	75 枝
65 步槍	65 枝
步槍小計	150 枝
79 輕機槍	2 挺
65 輕機槍	1 挺
輕機槍小計	3 挺
擲榴彈筒	1 具

熱河省保安令部	
79 步槍	48 枝
77 步槍	327 枝
65 步槍	13 枝
雜式步槍	2 枝
步槍小計	390 枝
79 輕機槍	5 挺
77 輕機槍	2 挺
65 輕機槍	1 挺
輕機槍小計	8 挺
77 重機槍	2 挺
65 重機槍	1 挺
重機槍小計	3 挺
雜式手槍	8 枝
手槍小計	8 枝
擲榴彈筒	11 具

吉長師管區	
77 步槍	32 枝
65 步槍	6 枝
步槍小計	38 枝

蓋平團管區	
77 步槍	14 枝
步槍小計	14 枝

中央警校第五分校	
79 步槍	2 枝
步槍小計	2 枝

合計			
30 步槍	32,554 枝	763 手槍	1,931 枝
79 步槍	24,045 枝	765 手槍	30 枝
77 步槍	14,109 枝	9mm 手槍	230 枝
65 步槍	9,086 枝	日 14 手槍	272 枝
762 步槍	81 枝	雜式手槍	342 枝
雜式步槍	721 枝	手槍小計	2,805 枝
步槍小計	80,596 枝	45 衝鋒槍	8,409 挺
30 輕機槍	117 挺	60 迫砲	1,153 門
303 輕機槍	1,218 挺	80、81、82 迫砲	467 門
792 輕機槍	1,222 挺	37 戰防砲	96 門
79 輕機槍	2,275 挺	236 火箭砲	239 門
77 輕機槍	130 挺	75 山砲	93 門
65 輕機槍	255 挺	75 野砲	8 門
762 輕機槍	45 挺	105 榴彈砲	13 門
高射輕機槍	1 挺	42 重迫砲	22 門
輕機槍小計	5,263 挺	2cm 蘇洛通砲	9 門
30 重機槍	466 挺	70 步兵砲	2 門
79 重機槍	472 挺	55 戰防槍	85 挺
77 重機槍	197 挺	槍榴彈筒	2,334 具
65 重機槍	20 挺	擲榴彈筒	1,279 具
重機槍小計	1,155 挺	信號槍	368 枝
		30 槍榴步槍	94 枝
		30 卡柄槍	67 枝
		照明槍	2 枝
		25 機關砲	22 門

附記：

一、本表列耗損武器數，內除十二月份根據各部隊專案表報及電報數彙計外，其餘元月至十一月均據專案表報經核轉註銷者彙入之。

二、各部隊十二月份尚未呈報者尚未列入本表內。

附表二（二）
東北行轅所屬各單位三六年度俘獲戰利品數量統計表

新一軍	
各式步機槍	591 枝
輕機槍	75 挺
重機槍	9 挺
衝鋒槍	14 挺
手槍	12 枝
槍榴筒	1 具
擲彈筒	18 具
82 迫砲	5 門
刺（戰刀）刀	54 把
步機彈	821 粒
手榴彈	13 顆
各式榴彈	72 顆
輕機槍身	2 個
重機槍身	2 個

十三軍	
各式步機槍	1,231 枝
輕機槍	63 挺
重機槍	3 挺
衝鋒槍	10 挺
手槍	17 枝
擲彈筒	14 具
82 迫砲	2 門
75 日山砲	1 門
步機彈	4,500 粒
輕迫砲彈	186 顆
手榴彈	74 顆

新六軍	
各式步機槍	665 枝
輕機槍	63 挺
重機槍	8 挺
衝鋒槍	2 挺
信號槍	1 枝
手槍	5 枝
槍榴筒	5 具
82 迫砲	3 門
刺（戰刀）刀	65 把
步機彈	255 粒

新三軍	
各式步機槍	30 枝
輕機槍	1 挺
步機彈	440 粒
手榴彈	68 顆

五二軍	
各式步機槍	645 枝
輕機槍	35 挺
重機槍	3 挺
衝鋒槍	4 挺
手槍	6 枝
槍榴筒	1 具
擲彈筒	10 具
82 迫砲	2 門
戰防砲	1 門
37 戰防砲	1 門
刺（戰刀）刀	243 把
步機彈	20,449 粒
輕迫砲彈	80 顆
手榴彈	38 顆
各式榴彈	13 顆
輕機槍身	2 個
重機槍身	2 個
黃色炸藥	70

五三軍	
各式步機槍	91 枝
輕機槍	4 挺
重機槍	1 挺
衝鋒槍	5 挺
擲彈筒	1 具
刺（戰刀）刀	24 把
步機彈	1,336 粒
手榴彈	191 顆
通信機	1 個

六十軍	
各式步機槍	302 枝
輕機槍	4 挺
重機槍	1 挺
手槍	5 枝
擲彈筒	1 具
步機彈	795 粒

九二軍	
各式步機槍	197 枝
輕機槍	4 挺
重機槍	1 挺
擲彈筒	3 具
75 日山砲	2 門
刺（戰刀）刀	8 把
步機彈	4,546 粒
山砲彈	147 顆
手榴彈	43 顆
各式榴彈	40 顆
通信機	12 個

暫三軍	
各式步機槍	322 枝
輕機槍	3 挺
重機槍	2 挺
衝鋒槍	2 挺
手槍	1 枝
擲彈筒	6 具
60 迫砲	1 門
37 戰防砲	1 門
刺（戰刀）刀	15 把
步機彈	3,250 粒
輕迫砲彈	2 顆
山砲彈	269 顆
各式榴彈	112 顆

騎兵司令部	
各式步機槍	30 枝
輕機槍	1 挺
衝鋒槍	1 挺
手槍	50 枝
擲彈筒	1 具
步機彈	792 粒

七一軍	
各式步機槍	285 枝
輕機槍	4 挺
衝鋒槍	6 挺
手槍	1 枝
擲彈筒	1 具
輕機槍身	1 個
槍（砲）架	1 個

九三軍	
各式步機槍	1,150 枝
輕機槍	26 挺
重機槍	4 挺
衝鋒槍	10 挺
手槍	97 枝
槍榴筒	1 具
擲彈筒	2 具
60 迫砲	1 門
82 迫砲	2 門
刺（戰刀）刀	1 把
步機彈	29,060 粒
手榴彈	640 顆
步槍管	5 個

二〇七師	
各式步機槍	598 枝
輕機槍	22 挺
重機槍	9 挺
衝鋒槍	6 挺
手槍	21 枝
槍榴筒	1 具
擲彈筒	12 具
81 迫砲	12 門
38 野砲	10 門
刺（戰刀）刀	12 把
步機彈	40,370 粒
山砲彈	233 顆
手榴彈	157 顆

第一督訓處	
各式步機槍	2 枝
步機彈	55 粒

第二督訓處	
各式步機槍	2 枝

第三兵團	
各式步機槍	9 枝

第二交警	
各式步機槍	49 枝
衝鋒槍	4 挺
槍榴筒	5 具
刺（戰刀）刀	6 把
步機彈	3,754 粒
60 迫砲彈	8 顆
手榴彈	338 顆
各式榴彈	1,485 顆
輕機槍身	1 個

交三總隊	
各式步機槍	3 枝
步機彈	158 粒

遼寧省保	
各式步機槍	155 枝
輕機槍	1 挺
手槍	41 門
步機彈	552 粒

遼北省保	
各式步機槍	57 枝
輕機槍	4 挺
衝鋒槍	1 挺
槍榴筒	4 具
步機彈	405 粒
輕迫砲彈	12 顆
山砲彈	61 顆
平射砲彈	134 顆
手榴彈	150 顆

吉林省保	
各式步機槍	146 枝
輕機槍	4 挺
衝鋒槍	1 挺
步機彈	1,064 粒
手榴彈	32 顆

安東省保	
各式步機槍	28 枝
輕機槍	1 挺
手槍	4 枝
步機彈	13,468 粒
手榴彈	10 顆

黑龍江省保	
各式步機槍	5 枝
手槍	1 枝
步機彈	1,236 粒

嫩江省保	
各式步機槍	18 枝

行轅直屬及保安支隊	
各式步機槍	604 枝
輕機槍	37 挺
重機槍	7 挺
衝鋒槍	3 挺
手槍	29 枝
槍榴筒	7 具
擲彈筒	10 具
60 迫砲	4 門
81 迫砲	1 門
戰防砲	1 門
75 日山砲	2 門
刺（戰刀）刀	46 把
步機彈	42,623 粒
60 迫砲彈	46 顆
手榴彈	70 顆
步槍管	34 個

合計	
各式步機槍	7,249 枝
輕機槍	352 挺
重機槍	48 挺
衝鋒槍	70 挺
信號槍	1 枝
手槍	290 枝
槍榴筒	25 具
擲彈筒	79 具
60 迫砲	6 門
82 迫砲	14 門
81 迫砲	13 門
戰防砲	2 門
37 戰防砲	2 門
38 野砲	10 門
75 日山砲	5 門
刺（戰刀）刀	474 把
步機彈	169,927 粒
60 迫砲彈	54 顆
輕迫砲彈	280 顆
山砲彈	710 顆
平射砲彈	134 顆
手榴彈	1,902 顆
各式榴彈	1,725 顆
步槍管	39 個
輕機槍身	6 個
重機槍身	4 個
槍（砲）架	1 個
通信機	13 個
黃色炸藥	70

附記：

一、前保安區及各游雜部隊均列本行轅直屬部隊內。

二、本表由三六年元月份起至十二月二五日止調查。

附表三（一）東北全區三六年度彈藥收發數量統計表

步槍彈（粒）	原存數	收入數	發出數	結存數
30 步彈	8,042,772	24,230,853	24,218,923	8,054,703
79 步彈	4,370,216	13,647,315	16,779,790	1,237,741
65 步彈	720,057	18,831,049	13,641,826	5,909,280
77 步彈	3,273,999	7,885,687	7,552,572	3,607,114
303 步彈	88,000	125,400	78,326	135,074
762 步彈	432,230	100	24,855	407,475
30 卡柄彈	1,638,900		429,594	1,209,306
小計	18,566,175	64,720,404	62,725,886	20,560,693

輕機彈（粒）	原存數	收入數	發出數	結存數
30 輕機彈		6,413,350	1,355,735	5,057,615
303 輕機彈	6,278,576	20,493,119	15,638,818	11,132,877
79 輕機彈		1,415,761	13,189,684	962,077
77 輕機彈		1,253,839	615,354	638,485
762 輕機彈		809,233	320,024	489,209
792 輕機彈	5,261,782	51,413,137	2,521,917	31,462,002
小計	11,540,358	94,534,439	56,332,532	49,742,265

重機彈（粒）	原存數	收入數	發出數	結存數
30 重機彈	2,678,540	6,426,025	6,025,478	3,079,087
79 重機彈	2,000	4,857,421	3,538,598	1,320,823
65 重機彈	160,790	912,788	929,643	143,935
77 重機彈	3,241,357	3,076,174	3,123,232	3,194,299
50 重機彈	112,550		84,700	27,850
小計	6,195,237	15,272,408	13,701,651	7,765,994

衝鋒彈（粒）	原存數	收入數	發出數	結存數
45 衝鋒彈	17,302,249	5,121,758	19,061,046	3,362,962
小計	17,302,249	5,121,758	19,061,046	3,362,962

槍擲榴彈（顆）	原存數	收入數	發出數	結存數
89 擲榴彈	10,565	38,629	32,840	16,354
美槍榴彈	17,251	32,291	27,394	22,148
28 槍榴彈	16,260	106,390	84,449	38,201
小計	44,076	177,310	144,683	76,702

迫砲彈（顆）	原存數	收入數	發出數	結存數
60 迫砲彈	259,622	529,095	585,568	203,149
80 迫砲彈		11,307	4,085	7,222
81 迫砲彈	158,981	336,737	186,798	309,920
法 81 迫砲彈		6,135	1,450	4,685
82 迫砲彈	17,556	187,409	120,963	84,004
42 迫砲彈	48,174	25,095	22,895	50,374
小計	484,335	1,096,778	921,759	659,354

步兵砲彈（顆）	原存數	收入數	發出數	結存數
美 37 戰防彈	948	24,611	13,652	11,907
45 倍 37 戰防彈	9,961	38	2,141	7,858
94 式 37 戰車砲彈		10,959	2,734	8,225
47 戰防砲彈		2,400		2,400
47 戰車砲彈	4,990	3,513	2,239	6,264
57 戰防砲彈		86,504	987	85,517
57 戰車砲彈		2,123		2,123
70 步兵砲彈		50,012	3,002	47,010
20 自動砲彈		4,600	1,585	3,015
20 麥特生小砲彈	3,534	15,399	4,715	14,218
20 蘇羅通小砲彈	7,870	15,825	4,359	19,336
20 伯力達砲彈		4,588		4,588
92 式車載機關砲彈		3,110		3,110
小計	27,303	223,682	35,414	215,571

山野榴砲彈（顆）	原存數	收入數	發出數	結存數
10 年式 75 山砲彈		300		300
美 75 山砲彈	83,885	55,442	78,572	60,755
94 式 75 山砲彈	21,105	15,770	16,323	20,550
41 式 75 山砲彈	169	10,152	3,067	7,254
77 野砲彈		1,128	1,000	128
美 75 野砲彈		2,352		2,352
38 式 75 野砲彈	13,580	13,721	16,250	11,051
105 榴砲彈	8,813	45,201	16,675	37,339
10 榴砲彈		500		500
155 榴砲彈		8,676		8,676
15 榴砲彈		6,309	2,468	3,841
小計	127,552	159,551	134,355	152,748

高射彈（顆）	原存數	收入數	發出數	結存數
40 高射砲彈		10,002	595	9,447
25 機關砲彈		11,796		11,796
94 式 20 高射彈		1,600		1,600
98 式 20 高射彈		1,000		1,000
50 高機彈	149,950			149,950
13 高機彈		80		80
127 高機彈	400	38,146	460	38,086
132 高機彈	39,810	15,000	10,000	44,810
小計	190,160	77,624	11,055	256,729

特種彈（顆）	原存數	收入數	發出數	結存數
236 火箭彈	10,314	6,444	10,252	6,506
55 戰防槍彈	45,850	32,834	21,891	56,792
埋伏槍彈	1,100			1,100
火焰藥粉	50	90	56	84
美信號彈	6,000	2,4958	16,441	14,517
中信號彈	3,936	3,826	4,406	3,356
小計	67,250	68,152	53,046	82,356

手槍彈（粒）	原存數	收入數	發出數	結存數
9mm 手槍彈		529,860	36,283	493,577
763 手槍彈	86,402	327,457	213,480	200,379
14 年式手槍彈		2,407	2,407	
26 式手槍彈		1,000		1,000
小計	86,402	860,724	252,170	694,956

手榴彈（枚）	原存數	收入數	發出數	結存數
木柄手榴彈	169,857	1,998,976	1,724,574	444,259
91 式洩光手榴彈		4,996	34	4,962
小計	169,857	2,003,972	1,724,608	449,221

附記：

一、本表原存數係三五年末之結存數。

二、本表收入發出係自三六年元月至本年十二月中旬之統計數，結存數係截至十二月中旬止。

三、七九洩光彈、鋼心彈均併七九重機彈數內，火箭練彈併二三六火箭彈數內。

四、七六二俄步彈於五月份併七六二俄機彈數內。

五、七九步機彈三月份以前係併列者，四月份以後分列者。

附表三（二）東北全區卅六年度補給各部隊彈藥統計表

新一軍	
30 步彈	3,979,408 粒
79 步彈	283,148 粒
65 步彈	144,464 粒
77 步彈	79,753 粒
30 卡品彈	30,150 粒
303 輕機彈	4,501,002 粒
79 輕機彈	170,800 粒
792 輕機彈	1,150,273 粒
30 重機彈	1,544,866 粒
79 重機彈	203,762 粒
65 重機彈	66,000 粒
77 重機彈	18,100 粒
45 衝鋒彈	2,516,225 粒
89 擲榴彈	180 顆
美槍榴彈	8,338 顆
60 迫砲彈	74,429 顆
80 迫砲彈	200 顆
81 迫砲彈	25,911 顆
82 迫砲彈	1,960 顆
42 迫砲彈	1,915 顆
美 37 戰防彈	1,800 顆
20 自動砲彈	400 顆
美 75 山砲彈	8,728 顆
105 榴砲彈	1,520 顆
236 火箭彈	2,611 顆
55 戰防彈	5,935 顆
火焰藥粉	20 盒
美信號彈	2,300 顆
762 手槍彈	1,500 粒
木柄手榴彈	89,951 枚

新三軍	
30 步彈	165,500 粒
303 輕機彈	29,500 粒
792 輕機彈	120,000 粒
30 重機彈	20,000 粒
45 衝鋒彈	5,000 粒
81 迫砲彈	500 顆
82 迫砲單	500 顆
美信號彈	15 顆

新五軍	
792 輕機彈	694,000 粒
45 衝鋒彈	37,000 粒
60 迫砲彈	2,100 顆
82 迫砲彈	1,110 顆
94 式 75 山砲彈	100 顆

新六軍	
30 步彈	3,846,839 粒
79 步彈	435,000 粒
65 步彈	749,600 粒
77 步彈	30,000 粒
303 步彈	45,490 粒
30 卡品彈	205,000 粒
30 輕機彈	308,372 粒
303 輕機彈	3,968,389 粒
79 輕機彈	293,000 粒
762 輕機彈	9,000 粒
792 輕機彈	1,171,574 粒
30 重機彈	1122852 粒
79 重機彈	75,000 粒
65 重機彈	60,000 粒
77 重機彈	33,000 粒
50 重機彈	72,150 粒
45 衝鋒彈	2,273,097 粒
89 擲榴彈	15,960 顆
美槍榴彈	5,406 顆
60 迫砲彈	88,895 顆
81 迫砲彈	32,027 顆
82 迫砲彈	8,522 顆
42 迫砲彈	8,132 顆
美 37 戰防彈	760 顆
70 步砲彈	600 顆
美 75 山砲彈	11,437 顆
94 式 75 山砲彈	800 顆
38 野砲彈	5,050 顆
105 榴砲彈	6,828 顆
15 榴砲彈	150 顆
236 火箭彈	557 顆
55 戰防彈	2,867 顆
美信號彈	4,864 顆
中信號彈	277 顆
762 手槍彈	30,380 粒
木柄手榴彈	120,780 枚

十三軍	
30 步彈	787,783 粒
79 步彈	589,705 粒
65 步彈	63,970 粒
303 輕機彈	503,071 粒
79 輕機彈	428,800 粒
792 輕機彈	1,669,420 粒
30 重機彈	387,388 粒
79 重機彈	377,750 粒
65 重機彈	2,000 粒
77 重機彈	4,000 粒
45 衝鋒彈	926,371 粒
89 擲榴彈	150 顆
美槍榴彈	3,564 顆
60 迫砲彈	13,927 顆
81 迫砲彈	20,390 顆
82 迫砲彈	180 顆
美 37 戰防彈	1,932 顆
20 麥特生砲彈	200 顆
美 75 山砲彈	1,027 顆
94 式 75 山砲彈	100 顆
236 火箭彈	1,887 顆
美信號彈	1,471 顆
中信號彈	150 顆
762 手槍彈	12,118 粒
木柄手榴彈	33,056 枚

四九軍	
79 步彈	108,000 粒
77 步彈	3,000 粒
79 輕機彈	11,945 粒
792 輕機彈	1,130,785 粒
79 重機彈	91,000 粒
45 衝鋒彈	12,500 粒
28 槍榴彈	1,610 顆
60 迫砲彈	2,060 顆
82 迫砲彈	2,260 顆
94 式 75 山砲彈	950 顆
中信號彈	100 顆
762 手槍彈	3,201 粒
9mm 手槍彈	16,803 粒

五二軍	
30 步彈	1,809,684 粒
79 步彈	3,486,963 粒
65 步彈	263,666 粒
77 步彈	28,000 粒
30 輕機彈	196,036 粒
303 輕機彈	376,681 粒
79 輕機彈	1,830,419 粒
792 輕機彈	2,090,743 粒
30 重機彈	97,000 粒
79 重機彈	1,419,340 粒
65 重機彈	46,000 粒
77 重機彈	10,000 粒
45 衝鋒彈	1,273,420 粒
美槍榴彈	1,386 顆
28 槍榴彈	34,121 顆
60 迫砲彈	77,519 顆
81 迫砲彈	13,642 顆
82 迫砲彈	28,556 顆
42 迫砲彈	4,283 顆
美 37 戰防彈	827 顆
45 倍 37 戰防彈	133 顆
57 戰防彈	387 顆
70 步砲彈	400 顆
20 蘇羅通砲彈	2,259 顆
美 75 山砲彈	6,590 顆
94 式 75 山砲彈	2,678 顆
41 式 75 山砲彈	2,194 顆
38 野砲彈	4,243 顆
236 火箭彈	200 顆
55 戰防彈	860 顆
美信號彈	520 顆
中信號彈	191 顆
762 手槍彈	27,938 粒
9mm 手槍彈	1,480 粒
木柄手榴彈	144,934 枚

五三軍	
30 步彈	688,200 粒
79 步彈	93,230 粒
65 步彈	200,365 粒
77 步彈	46,528 粒
303 輕機彈	408,800 粒
79 輕機彈	66,770 粒
792 輕機彈	1,021,340 粒
30 重機彈	10,000 粒
65 重機彈	27,000 粒
77 重機彈	49,000 粒
45 衝鋒彈	280,000 粒
89 擲榴彈	200 顆
28 槍榴彈	4,000 顆
60 迫砲彈	22,839 顆
80 迫砲彈	160 顆
81 迫砲彈	6,289 顆
82 迫砲彈	2,820 顆
美 37 戰防彈	300 顆
美 75 山砲彈	2,200 顆
美信號彈	1,600 顆
762 手槍彈	3,800 粒
木柄手榴彈	34,300 枚

六〇軍	
30 步彈	589,970 粒
79 步彈	2,467,908 粒
65 步彈	17,740 粒
77 步彈	118,303 粒
303 步彈	32,836 粒
762 步彈	24,855 粒
303 輕機彈	136,341 粒
79 輕機彈	1,949,946 粒
762 輕機彈	76,870 粒
792 輕機彈	2,885,258 粒
30 重機彈	134,000 粒
79 重機彈	460,200 粒
45 衝鋒彈	1,376,164 粒
28 槍榴彈	26,965 顆
60 迫砲彈	47,575 顆
81 迫砲彈	7,586 顆
法 81 迫砲彈	780 顆
82 迫砲彈	19,774 顆
美 37 戰防彈	1,950 顆
57 戰防彈	200 顆
美 75 山砲彈	4,083 顆
94 式 75 山砲彈	2,818 顆
236 火箭彈	762 顆
55 戰防彈	5,633 顆
美信號彈	1,852 顆
中信號彈	1,344 顆
762 手槍彈	11,250 粒
9mm 手槍彈	8,000 粒
木柄手榴彈	115,383 枚

七一軍	
30 步彈	5,835,088 粒
79 步彈	1,900,328 粒
65 步彈	253,450 粒
77 步彈	174,489 粒
30 卡品彈	800 粒
30 輕機彈	115,957 粒
303 輕機彈	1,385,767 粒
79 輕機彈	2,451,069 粒
77 輕機彈	87,600 粒
792 輕機彈	2,438,943 粒
30 重機彈	888,429 粒
79 重機彈	123,572 粒
65 重機彈	25,000 粒
77 重機彈	381,000 粒
45 衝鋒彈	4,999,922 粒
美槍榴彈	4,914 顆
28 槍榴彈	8,430 顆
60 迫砲彈	76,689 顆
81 迫砲彈	20,233 顆
82 迫砲彈	9,801 顆
42 迫砲彈	2,232 顆
美 37 戰防彈	2,262 顆
45 倍 37 戰防彈	1,178 顆
70 步砲彈	800 顆
美 75 山砲彈	17,655 顆
94 式 75 山砲彈	600 顆
105 榴砲彈	4,760 顆
236 火箭彈	1,776 顆
55 戰防彈	3,953 顆
美信號彈	1,255 顆
中信號彈	450 顆
762 手槍彈	17,706 粒
木柄手榴彈	223,393 枚

暫三軍	
792 輕機彈	98,000 粒
45 衝鋒彈	21,600 粒
60 迫砲彈	1,300 顆
236 火箭彈	96 顆
中信號彈	300 顆

九二軍	
30 步彈	66,000 粒
303 輕機彈	24,960 粒
79 輕機彈	38,000 粒
792 輕機彈	19,675 粒
45 衝鋒彈	50,000 粒
美槍榴彈	140 顆
60 迫砲彈	1,564 顆
81 迫砲彈	1,400 顆
美 75 山砲彈	100 顆

九三軍	
30 步彈	584,906 粒
79 步彈	1,233,798 粒
65 步彈	131,078 粒
30 卡品彈	1,000 粒
303 輕機彈	834,562 粒
79 輕機彈	988,596 粒
792 輕機彈	2,934,731 粒
30 重機彈	280,000 粒
79 重機彈	25,652 粒
45 衝鋒彈	822,969 粒
美槍榴彈	1,861 顆
28 槍榴彈	6,885 顆
60 迫砲彈	42,806 顆
80 迫砲彈	1 顆
81 迫砲彈	9,931 顆
法 81 迫砲彈	670 顆
82 迫砲彈	17,142 顆
42 迫砲彈	1,700 顆
美 37 戰防彈	400 顆
20 麥特生砲彈	4,335 顆
美 75 山砲彈	5,604 顆
94 式 75 山砲彈	3,908 顆
38 野砲彈	1,600 顆
105 榴砲彈	1,313 顆
132 高機彈	10,000 粒
236 火箭彈	958 顆
美信號彈	150 顆
中信號彈	708 顆
762 手槍彈	18,492 粒
木柄手榴彈	91,097 枚

二〇七師	
30 步彈	2,839,669 粒
79 步彈	455,400 粒
65 步彈	59,020 粒
77 步彈	5,000 粒
30 輕機彈	372,063 粒
303 輕機彈	2,023,096 粒
79 輕機彈	400,000 粒
792 輕機彈	2,412,687 粒
30 重機彈	589,350 粒
79 重機彈	303,591 粒
45 衝鋒彈	1,649,017 粒
美槍榴彈	1,000 顆
28 槍榴彈	863 顆
60 迫砲彈	41,695 顆
81 迫砲彈	20,507 顆
82 迫砲彈	4,742 顆
42 迫砲彈	300 顆
美 37 戰防彈	899 顆
美 75 山砲彈	7,044 顆
77 野砲彈	1,000 顆
105 榴砲彈	900 顆
15 榴砲彈	300 顆
236 火箭彈	337 顆
美信號彈	267 顆
中信號彈	330 顆
9mm 手槍彈	5,000 粒
木柄手榴彈	82,728 枚

五四師	
30 步彈	182,445 粒
79 步彈	10,000 粒
65 步彈	130,000 粒
77 步彈	29,900 粒
30 輕機彈	147,947 粒
303 輕機彈	23,600 粒
77 輕機彈	44,000 粒
762 輕機彈	300 粒
792 輕機彈	538,675 粒
30 重機彈	24,000 粒
79 重機彈	50,800 粒
45 衝鋒彈	45,650 粒
60 迫砲彈	3,343 顆
81 迫砲彈	900 顆
82 迫砲彈	953 顆
70 步砲彈	1,202 顆
20 自動砲彈	900 顆
美 75 山砲彈	500 顆
236 火箭彈	75 顆
美信號彈	139 顆
762 手槍彈	7,000 粒
9mm 手槍彈	5,000 粒
木柄手榴彈	14,000 枚

各暫編師	
30 步彈	458,878 粒
79 步彈	2,012,897 粒
65 步彈	5,526,596 粒
77 步彈	6,459,133 粒
30 卡品彈	86,746 粒
30 輕機彈	5,560 粒
303 輕機彈	22,458 粒
79 輕機彈	2,227,048 粒
77 輕機彈	198,620 粒
762 輕機彈	181,897 粒
792 輕機彈	1,095,372 粒
30 重機彈	20,335 粒
79 重機彈	138,202 粒
65 重機彈	674,143 粒
77 重機彈	1,856,262 粒
50 重機彈	12,550 粒
45 衝鋒彈	457,907 粒
89 擲榴彈	12,203 顆
美槍榴彈	500 顆
60 迫砲彈	31,840 顆
80 迫砲彈	3,883 顆
81 迫砲彈	6,931 顆
82 迫砲彈	9,783 顆
94 式 37 戰車砲彈	237 顆
20 自動砲彈	285 顆
38 野砲彈	3,700 顆
236 火箭彈	147 顆
762 手槍彈	37,010 粒
木柄手榴彈	404,033 枚

各獨立團	
30 步彈	151,871 粒
79 步彈	58,220 粒
65 步彈	261,400 粒
77 步彈	43,399 粒
30 卡品彈	2,700 粒
30 輕機彈	1,800 粒
303 輕機彈	236,137 粒
79 輕機彈	333,950 粒
762 輕機彈	7,300 粒
792 輕機彈	877,914 粒
30 重機彈	144,500 粒
79 重機彈	137,000 粒
77 重機彈	78,142 粒
45 衝鋒彈	178,312 粒
89 擲榴彈	48 顆
60 迫砲彈	1,366 顆
81 迫砲彈	500 顆
82 迫砲彈	92 顆
42 迫砲彈	1,200 顆
美 37 戰防彈	1,140 顆
94 式 37 戰車砲彈	2,497 顆
47 戰車砲彈	2,239 顆
57 戰防彈	400 顆
94 式 75 山砲彈	2,194 顆
41 式 75 砲彈	873 顆
38 野砲彈	1,657 顆
15 榴砲彈	2,018 顆
美信號彈	850 顆
762 手槍彈	5,583 粒
木柄手榴彈	24,245 枚

騎兵部隊	
30 步彈	10,000 粒
79 步彈	346,672 粒
65 步彈	721,230 粒
77 步彈	188,274 粒
303 輕機彈	600 粒
79 輕機彈	9,400 粒
77 輕機彈	2,300 粒
762 輕機彈	26,957 粒
792 輕機彈	40,531 粒
30 重機彈	3,000 粒
65 重機彈	18,800 粒
77 重機彈	65,925 粒
45 衝鋒彈	34,700 粒
89 擲榴彈	589 顆
60 迫砲彈	3,026 顆
81 迫砲彈	580 顆
82 迫砲彈	1,936 顆
762 手槍彈	5,922 粒
木柄手榴彈	18,198 枚

地方團隊	
30 步彈	10,000 粒
79 步彈	7,660,893 粒
65 步彈	1,730,173 粒
77 步彈	1,393,606 粒
79 輕機彈	126,955 粒
77 輕機彈	25,200 粒
762 輕機彈	15,900 粒
792 輕機彈	174,648 粒
79 重機彈	29,037 粒
65 重機彈	10,700 粒
77 重機彈	62,250 粒
45 衝鋒彈	83,200 粒
89 擲榴彈	3,510 顆
60 迫砲彈	3,727 顆
80 迫砲彈	841 顆
82 迫砲彈	1,970 顆
762 手槍彈	7,520 粒
木柄手榴彈	82,226 枚

其他機關	
30 步彈	2,212,682 粒
79 步彈	2,535,628 粒
65 步彈	3,387,274 粒
77 步彈	953,187 粒
30 卡品彈	103,198 粒
30 輕機彈	208,000 粒
303 輕機彈	1,158,454 粒
79 輕機彈	1,862,986 粒
77 輕機彈	257,634 粒
792 輕機彈	2,648,348 粒
30 重機彈	759,758 粒
79 重機彈	103,692 粒
77 重機彈	565,553 粒
45 衝鋒彈	2,017,992 粒
美槍榴彈	285 顆
28 槍榴彈	1,575 顆
60 迫砲彈	48,868 顆
81 迫砲彈	19,471 顆
82 迫砲彈	8,862 顆
42 迫砲彈	3,133 顆
美 37 戰防彈	1,382 顆
45 倍 37 戰防彈	830 顆
20 麥特生砲彈	180 顆
20 蘇羅通砲彈	2,100 顆
美 75 山砲彈	13,604 顆
94 式 75 山砲彈	2,175 顆
105 榴砲彈	1,354 顆
40 高砲彈	595 顆
127 高機彈	460 粒
236 火箭彈	846 顆
55 戰防槍彈	2,643 顆
火焰藥粉	36 盒
美信號彈	1,158 顆
中信號彈	556 顆
762 手槍彈	24,330 粒
14 式手槍彈	2,407 粒
木柄手榴彈	246,250 枚
91 式洩光手榴彈	34 枚

小計		美 37 戰防彈	13,652 顆
30 步彈	24,218,923 粒	45 倍 37 戰防彈	2,141 顆
79 步彈	16,779,790 粒	94 式 37 戰車砲彈	2,734 顆
65 步彈	13,641,826 粒	47 戰車砲彈	2,239 顆
77 步彈	7,552,572 粒	57 戰防彈	987 顆
303 步彈	78,326 粒	70 步砲彈	3,002 顆
762 步彈	24,855 粒	20 自動砲彈	1,585 顆
30 卡品彈	429,594 粒	20 麥特生砲彈	4,715 顆
步槍彈小計	62,725,886 粒	20 蘇羅通砲彈	4,359 顆
30 輕機彈	1,355,735 粒	步兵砲彈小計	35,414 顆
303 輕機彈	15,638,808 粒	美 75 山砲彈	78,572 顆
79 輕機彈	13,189,684 粒	94 式 75 山砲彈	16,323 顆
77 輕機彈	615,354 粒	41 式 75 砲彈	3,067 顆
762 輕機彈	300,024 粒	77 野砲彈	1,000 顆
792 輕機彈	25,212,917 粒	38 野砲彈	16,250 顆
輕機彈小計	56,332,632 粒	105 榴砲彈	16,675 顆
30 重機彈	6,025,478 粒	15 榴砲彈	2,468 顆
79 重機彈	3,538,598 粒	山野榴砲彈小計	134,355 顆
65 重機彈	929,643 粒	40 高砲彈	595 顆
77 重機彈	3,123,232 粒	127 高機彈	460 粒
50 重機彈	84,700 粒	132 高機彈	10,000 粒
重機彈小計	13,701,651 粒	高射彈小計	11,055 顆／粒
45 衝鋒彈	19,061,046 粒	236 火箭彈	10,252 顆
衝鋒彈小計	19,061,046 粒	55 戰防彈	21,891 顆
89 擲榴彈	32,840 顆	火焰藥粉	56 盒
美槍榴彈	27,394 顆	美信號彈	16,441 顆
28 槍榴彈	84,449 顆	中信號彈	4,406 顆
槍擲榴彈小計	144,683 顆	特種彈小計	53,046 顆／盒
60 迫砲彈	585,568 顆	762 手槍彈	213,480 粒
80 迫砲彈	4,085 顆	14 式手槍彈	2,407 粒
81 迫砲彈	186,798 顆	9mm 手槍彈	36,283 粒
法 81 迫砲彈	1,450 顆	手槍彈小計	252,170 粒
82 迫砲彈	120,963 顆	木柄手榴彈	1,724,574 枚
42 迫砲彈	22,895 顆	91 式洩光手榴彈	34 枚
迫砲彈小計	921,759 顆	手榴彈小計	1,724,608 枚

附記：

一、本表係自本年元月至十二月中旬止之發出統計表。

二、各暫編師內含前各保安區及各保安支隊。

三、各獨立團：行轅警衛團、前長官部特務團、砲七團、砲十一團、砲十二團、砲十六團、工十團、工十二團、通六團、通九團、裝甲兵團、戰車團（一營）、鐵甲列車隊、憲六團、憲教二團、輜汽十七團、輜汽廿五團。

四、地方團隊：各省市政府、各保安團隊、各縣政府、自衛隊。

五、其他機關：中訓團東北分團、警備司令部、防空司令部、空軍第一軍區司令部、傘兵隊、警官分校、各訓練班隊、各省警察局、交警總局、中長路局、熱遼邊區指揮所、本溪撫順西安阜新北票各礦局、蒙旗委員會、資源委員會房產管理局、鞍鐵公司碱場自衛隊、安東水陸警察局損失（本年 4、5、6次攻擊屯彈損失數）、五補區、港口司令部、監護部隊、人運部隊、後方醫院、各站庫廠列廢缺少註銷。

六、表列五四師六月份以前屬十三軍，本表數字係七月份以後者。

七、發暫三軍彈藥除 45衝鋒彈，餘係隨槍配發者。

附表三（三）
東北行轅所屬各部隊三六年度消耗彈藥統計表

新一軍			
30 步彈	2,183,526 粒	60 迫砲彈	66,986 顆
79 步彈	268,970 粒	80 迫砲彈	190 顆
65 步彈	137,240 粒	81 迫砲彈	24,184 顆
77 步彈	71,777 粒	82 迫砲彈	2,250 顆
30 卡品彈	47,642 粒	42 重迫砲彈	16,277 顆
小計	3,709,179 粒	小計	109,887 顆
303 輕機彈	3,150,701 粒	37 戰防砲彈	1,710 顆
79 輕機彈	36,640 粒	20 九七式自動砲彈	360 顆
792 輕機彈	920,218 粒	小計	2,070 顆
小計	4,207,559 粒	75 美山砲彈	8,147 顆
30 重機彈	1,235,893 粒	105 榴砲彈	1,520 顆
79 重機彈	163,170 粒	小計	9,667 顆
65 重機彈	52,800 粒	236 火箭彈	2,350 顆
77 重機彈	14,480 粒	55 戰防槍彈	5,341 顆
小計	1,466,343 粒	美信號彈	2,070 顆
45 衝鋒彈	2,012,980 粒	小計	9,761 顆
小計	2,012,980 粒	763 手槍彈	1,456 粒
0.3 美槍榴彈	162 顆	9mm 手槍彈	4,966 粒
28 式槍榴彈	7,512 顆	小計	6,422 粒
小計	7,674 顆	手榴彈	80,956 枚

新三軍			
30 步彈	200,108 粒	45 衝鋒彈	4,995 粒
79 步彈	20,700 粒	小計	4,995 粒
65 步彈	9,334 粒	28 式槍榴彈	350 顆
77 步彈	9,500 粒	小計	350 顆
小計	239,642 粒	60 迫砲彈	1,788 顆
303 輕機彈	29,500 粒	81 迫砲彈	2,000 顆
792 輕機彈	84,416 粒	82 迫砲彈	441 顆
小計	113,916 粒	小計	4,829 顆
30 重機彈	86,400 粒	美信號彈	492 顆
小計	86,400 粒	小計	492 顆
		手榴彈	6,111 枚

新五軍			
30 步彈	49,400 粒	60 迫砲彈	2,097 顆
65 步彈	18 粒	82 迫砲彈	1,661 顆
77 步彈	3,555 粒	42 重迫砲彈	155 顆
小計	52,973 粒	小計	3,913 顆
792 輕機彈	802,829 粒	70 步兵砲彈	128 顆
762 俄機彈	2,430 粒	20 九七式自動砲彈	60 顆
小計	805,259 粒	小計	188 顆
77 重機彈	7,500 粒	75 美山砲彈	80 顆
小計	7,500 粒	94 式 75 山砲彈	75 顆
45 衝鋒彈	62,911 粒	小計	155 顆
小計	62,911 粒	763 手槍彈	3,239 粒
89 擲榴彈	805 顆	9mm 手槍彈	660 粒
小計	805 顆	小計	3,899 粒
		手榴彈	4,112 枚

新六軍			
30 步彈	3,462,155 粒	60 迫砲彈	80,906 顆
79 步彈	413,250 粒	81 迫砲彈	28,824 顆
65 步彈	674,460 粒	82 迫砲彈	7,954 顆
77 步彈	27,000 粒	42 重迫砲彈	7,317 顆
303 步彈	42,458 粒	小計	125,003 顆
30 卡品彈	184,500 粒	37 戰防砲彈	680 顆
小計	4,803,823 粒	70 步兵砲彈	540 顆
30 輕機彈	215,860 粒	小計	1,220 顆
303 輕機彈	2,777,872 粒	75 美山砲彈	10,393 顆
79 輕機彈	27,347 粒	94 式 75 山砲彈	747 顆
792 輕機彈	437,259 粒	38 式 75 野砲彈	4,545 顆
762 俄機彈	7,200 粒	105 榴砲彈	5,462 顆
小計	3,965,538 粒	15 日式榴砲彈	140 顆
30 重機彈	1,010,567 粒	小計	21,187 顆
79 重機彈	67,500 粒	236 火箭彈	501 顆
65 重機彈	54,000 粒	55 戰防槍彈	2,584 顆
77 重機彈	29,700 粒	50 高射重機彈	57,720 顆
小計	1,161,767 粒	美信號彈	4,540 顆
45 衝鋒彈	1,591,768 粒	中信號彈	249 顆
小計	1,591,768 粒	小計	65,594 顆
0.3 美槍榴彈	12,768 顆	763 手槍彈	24,304 粒
28 式槍榴彈	4,865 顆	9mm 手槍彈	5,120 粒
小計	17,633 顆	小計	29,424 粒
		手榴彈	108,702 枚

十三軍			
30 步彈	735,265 粒	60 迫砲彈	11,142 顆
79 步彈	530,734 粒	81 迫砲彈	14,273 顆
65 步彈	59,373 粒	82 迫砲彈	162 顆
小計	1,325,372 粒	小計	25,577 顆
303 輕機彈	402,457 粒	37 戰防砲彈	1,352 顆
79 輕機彈	300,160 粒	20 麥特森砲彈	180 顆
792 輕機彈	1,168,594 粒	小計	1,532 顆
小計	1,871,211 粒	75 美山砲彈	822 顆
30 重機彈	271,188 粒	94 式 75 山砲彈	85 顆
79 重機彈	26,440 粒	小計	907 顆
65 重機彈	1,800 粒	236 火箭彈	1,321 顆
77 重機彈	3,600 粒	美信號彈	1,177 顆
小計	540,993 粒	中信號彈	140 顆
45 衝鋒彈	742,098 粒	小計	2,638 顆
小計	742,098 粒	763 手槍彈	8,479 粒
0.3 美槍榴彈	120 顆	小計	8,479 粒
28 式槍榴彈	2,495 顆	手榴彈	23,139 枚
小計	2,615 顆		

四九軍			
79 步彈	97,200 粒	89 擲榴彈	1,127 顆
77 步彈	2,700 粒	小計	1,127 顆
小計	99,900 粒	60 迫砲彈	1,442 顆
79 輕機彈	9,556 粒	82 迫砲彈	1,859 顆
792 輕機彈	924,628 粒	小計	3,301 顆
762 俄機彈	15,867 粒	94 式 75 山砲彈	760 顆
小計	950,051 粒	小計	760 顆
79 重機彈	72,800 粒	中信號彈	94 顆
77 重機彈	11,200 粒	小計	94 顆
小計	84,000 粒	763 手槍彈	2,401 粒
45 衝鋒彈	8,750 粒	9mm 手槍彈	11,762 粒
小計	8,750 粒	小計	14,163 粒

五二軍				
30 步彈	1,676,595 粒		37 戰防砲彈	662 顆
79 步彈	3,279,656 粒		37 俄式戰防彈	106 顆
65 步彈	264,299 粒		57 戰防彈	334 顆
77 步彈	266,000 粒		70 步兵砲彈	383 顆
小計	5,247,150 粒		20 蘇洛通砲彈	1,581 顆
30 輕機彈	137,225 粒		小計	3,066 顆
303 輕機彈	339,013 粒		75 美山砲彈	5,931 顆
79 輕機彈	1,647,377 粒		94 式 75 山砲彈	2,410 顆
792 輕機彈	1,789,786 粒		41 式 75 山砲彈	1,755 顆
小計	3,913,610 粒		38 式 75 野砲彈	3,394 顆
30 重機彈	77,600 粒		小計	13,490 顆
79 重機彈	1,135,472 粒		236 火箭彈	180 顆
65 重機彈	41,400 粒		55 戰防槍彈	688 顆
77 重機彈	8,500 粒		美信號彈	468 顆
小計	1,262,972 粒		中信號彈	172 顆
45 衝鋒彈	1,063,272 粒		小計	1,508 顆
小計	1,063,272 粒		763 手槍彈	22,697 粒
28 式槍榴彈	1,247 顆		9mm 手槍彈	1,332 粒
89 擲榴彈	30,826 顆		小計	24,029 粒
小計	32,073 顆		手榴彈	107,163 枚
60 迫砲彈	67,134 顆			
81 迫砲彈	12,548 顆			
82 迫砲彈	26,549 顆			
42 重迫砲彈	2,998 顆			
小計	109,229 顆			

五三軍			
30 步彈	653,790 粒	60 迫砲彈	20,655 顆
79 步彈	885,685 粒	80 迫砲彈	144 顆
65 步彈	180,328 粒	81 迫砲彈	5,660 顆
77 步彈	86,951 粒	82 迫砲彈	2,934 顆
小計	1,806,754 粒	小計	29,393 顆
303 輕機彈	286,160 粒	37 戰防砲彈	270 顆
79 輕機彈	53,416 粒	小計	270 顆
792 輕機彈	831,592 粒	75 美山砲彈	1,980 顆
小計	1,171,168 粒	105 榴砲彈	285 顆
30 重機彈	9,000 粒	小計	2,265 顆
65 重機彈	24,300 粒	美信號彈	1,494 顆
77 重機彈	64,800 粒	小計	1,494 顆
小計	98,100 粒	763 手槍彈	3,420 粒
45 衝鋒彈	252,000 粒	9mm 手槍彈	893 粒
小計	252,000 粒	小計	4,313 粒
0.3 美槍榴彈	180 顆	手榴彈	35,310 枚
89 擲榴彈	3,600 顆		
小計	3,780 顆		

六〇軍			
30 步彈	641,829 粒	60 迫砲彈	52,992 顆
79 步彈	2,364,901 粒	81 迫砲彈	7,608 顆
65 步彈	18,496 粒	法 81 迫砲彈	702 顆
77 步彈	112,559 粒	82 迫砲彈	21,066 顆
303 步彈	29,552 粒	42 重迫砲彈	950 顆
小計	3,167,337 粒	小計	83,318 顆
303 輕機彈	112,633 粒	37 戰防砲彈	2,205 顆
79 輕機彈	1,438,014 粒	57 戰防彈	450 顆
792 輕機彈	1,998,962 粒	小計	2,655 顆
762 俄機彈	70,803 粒	75 美山砲彈	3,772 顆
小計	3,620,412 粒	94 式 75 山砲彈	2,677 顆
30 重機彈	112,700 粒	105 榴砲彈	3,828 顆
79 重機彈	414,809 粒	小計	10,277 顆
小計	527,509 粒	236 火箭彈	686 顆
45 衝鋒彈	1,294,785 粒	55 戰防槍彈	5,415 顆
小計	1,294,785 粒	美信號彈	1,103 顆
89 擲榴彈	26,067 顆	中信號彈	1,209 顆
小計	26,067 顆	小計	9,073 顆
		763 手槍彈	10,850 粒
		9mm 手槍彈	7,200 粒
		小計	18,050 粒
		手榴彈	116,050 枚

七一軍			
30 步彈	4,088,343 粒	28 式槍榴彈	4,630 顆
79 步彈	1,710,292 粒	89 擲榴彈	8,008 顆
65 步彈	240,777 粒	小計	12,638 顆
77 步彈	157,040 粒	60 迫砲彈	71,075 顆
30 卡品彈	760 粒	81 迫砲彈	18,347 顆
小計	6,197,512 粒	82 迫砲彈	8,821 顆
30 輕機彈	104,361 粒	42 重迫砲彈	1,786 顆
303 輕機彈	1,110,990 粒	小計	100,029 顆
79 輕機彈	1,960,855 粒	37 戰防砲彈	2,086 顆
792 輕機彈	1,707,260 粒	37 俄式戰防彈	1,060 顆
77 輕機彈	78,840 粒	70 步兵砲彈	720 顆
小計	4,962,306 粒	小計	3,816 顆
30 重機彈	710,743 粒	75 美山砲彈	12,358 顆
79 重機彈	111,215 粒	94 式 75 山砲彈	570 顆
65 重機彈	22,500 粒	105 榴砲彈	4,208 顆
77 重機彈	304,800 粒	小計	17,136 顆
小計	1,149,258 粒	236 火箭彈	1,598 顆
30 重機彈	710,743 粒	55 戰防槍彈	3,162 顆
79 重機彈	111,215 粒	美信號彈	1,129 顆
65 重機彈	22,500 粒	中信號彈	427 顆
77 重機彈	304,800 粒	小計	6,316 顆
小計	1,149,258 粒	763 手槍彈	15,935 粒
45 衝鋒彈	3,531,851 粒	9mm 手槍彈	916 粒
小計	3,531,851 粒	小計	16,851 粒
		手榴彈	156,375 枚

九二軍			
30 步彈	152,600 粒	60 迫砲彈	4,938 顆
小計	152,600 粒	81 迫砲彈	1,120 顆
303 輕機彈	22,464 粒	82 迫砲彈	1,440 顆
79 輕機彈	30,400 粒	42 重迫砲彈	480 顆
792 輕機彈	324,220 粒	小計	7,978 顆
小計	377,084 粒	75 美山砲彈	521 顆
30 重機彈	56,700 粒	94 式 75 山砲彈	135 顆
小計	56,700 粒	41 式 75 山砲彈	108 顆
45 衝鋒彈	82,320 粒	小計	764 顆
小計	82,320 粒	763 手槍彈	2,800 粒
0.3 美槍榴彈	798 顆	9mm 手槍彈	6,510 粒
28 式槍榴彈	126 顆	小計	9,310 粒
89 擲榴彈	496 顆	手榴彈	2,475 枚
小計	1,420 顆		

九三軍			
30 步彈	555,620 粒	37 戰防砲彈	320 顆
79 步彈	1,155,418 粒	57 戰防彈	720 顆
65 步彈	117,970 粒	20 麥特森砲彈	3,034 顆
30 卡品彈	700 粒	小計	4,074 顆
小計	1,829,908 粒	75 美山砲彈	4,513 顆
303 輕機彈	751,106 粒	94 式 75 山砲彈	3,585 顆
79 輕機彈	762,017 粒	38 式 75 野砲彈	1,440 顆
792 輕機彈	2,144,069 粒	105 榴砲彈	1,182 顆
小計	3,657,192 粒	小計	10,720 顆
30 重機彈	252,000 粒	236 火箭彈	766 顆
79 重機彈	59,087 粒	132 高射重機彈	8,500 顆
小計	311,087 粒	美信號彈	143 顆
45 衝鋒彈	717,834 粒	中信號彈	637 顆
小計	717,834 粒	小計	10,046 顆
28 式槍榴彈	1,676 顆	763 手槍彈	14,793 粒
89 擲榴彈	6,255 顆	14 式手槍彈	40 粒
小計	7,931 顆	小計	14,833 粒
60 迫砲彈	36,547 顆	手榴彈	75,037 枚
81 迫砲彈	9,658 顆		
法 81 迫砲彈	625 顆		
82 迫砲彈	16,921 顆		
42 重迫砲彈	1,530 顆		
小計	65,281 顆		

暫三軍			
79 步彈	43,174 粒	60 迫砲彈	1,610 顆
小計	43,174 粒	82 迫砲彈	333 顆
28 式槍榴彈	267 顆	42 重迫砲彈	28 顆
小計	267 顆	小計	1,971 顆
		94 式 75 山砲彈	198 顆
		小計	198 顆
		手榴彈	760 枚

二〇七師			
30 步彈	2,567,609 粒	60 迫砲彈	39,195 顆
79 步彈	432,630 粒	81 迫砲彈	18,456 顆
65 步彈	55,086 粒	82 迫砲彈	4,505 顆
77 步彈	4,500 粒	42 重迫砲彈	285 顆
小計	3,059,825 粒	小計	62,441 顆
30 輕機彈	347,259 粒	37 戰防砲彈	840 顆
303 輕機彈	1,921,941 粒	小計	840 顆
79 輕機彈	360,000 粒	75 美山砲彈	6,339 顆
792 輕機彈	1,933,526 粒	41 式 75 山砲彈	377 顆
小計	9,562,726 粒	14 式 77 野砲彈	934 顆
30 重機彈	558,882 粒	105 榴砲彈	855 顆
79 重機彈	273,232 粒	15 日式榴砲彈	270 顆
小計	732,114 粒	小計	8,775 顆
45 衝鋒彈	1,484,115 粒	236 火箭彈	303 顆
小計	1,484,115 粒	美信號彈	250 顆
28 式槍榴彈	900 顆	中信號彈	308 顆
89 擲榴彈	806 顆	小計	861 顆
小計	1,706 顆	9mm 手槍彈	4,667 粒
		小計	4,667 粒
		手榴彈	77,213 枚

五四師			
30 步彈	173,322 粒	60 迫砲彈	3,009 顆
79 步彈	9,334 粒	81 迫砲彈	720 顆
65 步彈	11,900 粒	82 迫砲彈	858 顆
77 步彈	26,910 粒	小計	4,587 顆
小計	221,266 粒	70 步兵砲彈	1,922 顆
30 輕機彈	133,152 粒	20 九七式自動砲彈	765 顆
303 輕機彈	21,240 粒	小計	2,687 顆
792 輕機彈	430,940 粒	75 美山砲彈	850 顆
77 輕機彈	35,200 粒	小計	850 顆
762 俄機彈	2,700 粒	236 火箭彈	67 顆
小計	620,802 粒	美信號彈	125 顆
30 重機彈	21,600 粒	小計	192 顆
79 重機彈	40,640 粒	763 手槍彈	8,250 粒
小計	62,240 粒	9mm 手槍彈	7,500 粒
45 衝鋒彈	36,520 粒	小計	15,750 粒
小計	36,520 粒	手榴彈	11,200 枚

各暫編師			
30 步彈	428,286 粒	0.3 美槍榴彈	9,855 顆
79 步彈	1,822,715 粒	28 式槍榴彈	350 顆
65 步彈	3,808,753 粒	小計	10,205 顆
77 步彈	3,591,426 粒	60 迫砲彈	29,763 顆
30 卡品彈	78,071 粒	80 迫砲彈	2,595 顆
小計	9,729,251 粒	81 迫砲彈	5,838 顆
30 輕機彈	5,004 粒	82 迫砲彈	10,236 顆
303 輕機彈	20,212 粒	42 重迫砲彈	48,432 顆
79 輕機彈	1,558,933 粒	小計	96,864 顆
792 輕機彈	1,053,222 粒	37 俄式戰防彈	189 顆
77 輕機彈	180,108 粒	20 九七式自動砲彈	228 顆
762 俄機彈	147,918 粒	小計	417 顆
小計	2,965,397 粒	38 式 75 野砲彈	2,960 顆
30 重機彈	18,301 粒	小計	2,960 顆
79 重機彈	124,382 粒	236 火箭彈	118 顆
65 重機彈	606,729 粒	50 高射重機彈	11,295 顆
77 重機彈	1,674,236 粒	小計	11,413 顆
小計	2,423,648 粒	763 手槍彈	33,375 粒
45 衝鋒彈	422,672 粒	小計	33,375 粒
小計	422,672 粒	手榴彈	284,305 枚

各獨立團			
30 步彈	136,683 粒	60 迫砲彈	1,229 顆
79 步彈	52,398 粒	81 迫砲彈	495 顆
65 步彈	235,260 粒	82 迫砲彈	83 顆
77 步彈	39,059 粒	42 重迫砲彈	1,080 顆
30 卡品彈	2,430 粒	小計	2,887 顆
小計	465,830 粒	37 戰防砲彈	912 顆
30 輕機彈	1,620 粒	37 俄式戰防彈	1,748 顆
303 輕機彈	188,909 粒	37 日式戰防彈	2,015 顆
79 輕機彈	267,160 粒	57 戰防彈	360 顆
792 輕機彈	790,331 粒	小計	5,035 顆
762 俄機彈	5,840 粒	94 式 75 山砲彈	2,074 顆
小計	1,253,860 粒	41 式 75 山砲彈	786 顆
30 重機彈	101,150 粒	38 式 75 野砲彈	1,491 顆
79 重機彈	113,400 粒	15 日式榴砲彈	1,816 顆
77 重機彈	54,699 粒	小計	6,167 顆
小計	269,249 粒	94 式 37 戰砲彈	2,181 顆
45 衝鋒彈	132,168 粒	1 式 47 戰砲彈	1,676 顆
小計	132,168 粒	98 式 57 戰砲彈	2,217 顆
0.3 美槍榴彈	44 顆	小計	6,134 顆
小計	44 顆	美信號彈	575 顆
		小計	575 顆
		763 手槍彈	4,466 粒
		14 式手槍彈	177 粒
		小計	4,643 粒
		手榴彈	22,720 枚

騎兵部隊			
30 步彈	9,000 粒	45 衝鋒彈	34,880 粒
79 步彈	321,904 粒	小計	34,880 粒
65 步彈	703,557 粒	0.3 美槍榴彈	524 顆
77 步彈	184,586 粒	小計	524 顆
小計	1,219,047 粒	60 追砲彈	4,101 顆
303 輕機彈	5,700 粒	81 追砲彈	527 顆
79 輕機彈	8,460 粒	82 追砲彈	1,845 顆
792 輕機彈	79,228 粒	小計	6,473 顆
77 輕機彈	3,406 粒	763 手槍彈	5,329 粒
762 俄機彈	27,411 粒	小計	5,329 粒
小計	124,199 粒	手榴彈	19,078 枚
30 重機彈	2,400 粒		
65 重機彈	15,040 粒		
77 重機彈	52,740 粒		
小計	70,180 粒		

地方團隊			
30 步彈	9,000 粒	45 衝鋒彈	74,880 粒
79 步彈	684,803 粒	小計	74,880 粒
65 步彈	1,631,405 粒	0.3 美槍榴彈	2,808 顆
77 步彈	1,282,145 粒	小計	2,808 顆
小計	3,607,373 粒	60 追砲彈	5,244 顆
79 輕機彈	123,869 粒	80 追砲彈	757 顆
792 輕機彈	143,718 粒	82 追砲彈	2,133 顆
77 輕機彈	22,680 粒	小計	8,134 顆
762 俄機彈	14,310 粒	763 手槍彈	6,767 粒
小計	304,576 粒	小計	6,767 粒
79 重機彈	23,230 粒	手榴彈	71,592 枚
65 重機彈	9,630 粒		
77 重機彈	56,025 粒		
小計	88,885 粒		

其他機關			
30 步彈	1,548,877 粒	60 迫砲彈	39,298 顆
79 步彈	2,029,302 粒	81 迫砲彈	15,577 顆
65 步彈	2,801,102 粒	82 迫砲彈	9,646 顆
77 步彈	1,016,214 粒	42 重迫砲彈	2,194 顆
30 卡品彈	184,500 粒	小計	66,715 顆
小計	7,579,995 粒	37 戰防砲彈	1,244 顆
30 輕機彈	187,200 粒	37 俄式戰防彈	756 顆
303 輕機彈	810,918 粒	70 步兵砲彈	3,548 顆
79 輕機彈	1,318,490 粒	20 蘇洛通砲彈	1,575 顆
792 輕機彈	1,860,844 粒	20 麥特森砲彈	162 顆
77 輕機彈	206,107 粒	小計	7,285 顆
762 俄機彈	28,800 粒	75 美山砲彈	9,523 顆
小計	4,412,359 粒	94 式 75 山砲彈	1,740 顆
30 重機彈	607,806 粒	105 榴砲彈	946 顆
79 重機彈	94,223 粒	小計	12,211 顆
77 重機彈	395,885 粒	25 機關砲彈	476 顆
小計	1,097,916 粒	小計	476 顆
45 衝鋒彈	142,855 粒	236 火箭彈	572 顆
小計	142,822 粒	55 戰防槍彈	1,850 顆
28 式槍榴彈	284 顆	127 高射重機彈	222 顆
89 擲榴彈	1,418 顆	美信號彈	811 顆
小計	1,702 顆	中信號彈	445 顆
		763 手槍彈	19,464 粒
		各式手槍彈	436 粒
		小計	19,900 粒
		手榴彈	177,438 枚

總計			
30 步彈	20,272,008 粒	37 戰防砲彈	12,231 顆
79 步彈	1,612,308 粒	37 俄式戰防彈	3,859 顆
65 步彈	10,949,158 粒	37 日式戰防彈	2,015 顆
77 步彈	6,642,522 粒	57 戰防彈	1,864 顆
303 步彈	72,010 粒	70 步兵砲彈	7,241 顆
30 卡品彈	498,803 粒	20 九七式自動砲彈	1,413 顆
小計	51,651,587 粒	20 蘇洛通砲彈	3,156 顆
30 輕機彈	1,131,681 粒	20 麥特森砲彈	3,376 顆
303 輕機彈	11,951,816 粒	小計	35,155 顆
79 輕機彈	401,693 粒	75 美山砲彈	65,129 顆
792 輕機彈	19,925,862 粒	94 式 75 山砲彈	15,056 顆
77 輕機彈	326,335 粒	41 式 75 山砲彈	3,026 顆
762 俄機彈	320,849 粒	14 式 77 野砲彈	934 顆
小計	48,258,216 粒	38 式 75 野砲彈	13,830 顆
30 重機彈	5,132,930 粒	105 榴砲彈	18,288 顆
79 重機彈	2,927,565 粒	15 日式榴砲彈	2,226 顆
65 重機彈	828,199 粒	小計	118,489 顆
77 重機彈	2,678,167 粒	94 式 37 戰砲彈	2,181 顆
小計	1,159,861 粒	1 式 47 戰砲彈	1,676 顆
45 衝鋒彈	1,497,935 粒	98 式 57 戰砲彈	2,277 顆
小計	1,497,935 粒	25 機關砲彈	476 顆
0.3 美槍榴彈	27,259 顆	小計	6,610 顆
28 式槍榴彈	24,717 顆	236 火箭彈	8,482 顆
89 擲榴彈	79,408 顆	55 戰防槍彈	19,100 顆
小計	131,369 顆	50 高射重機彈	69,015 顆
60 迫砲彈	541,151 顆	127 高射重機彈	222 顆
80 迫砲彈	3,686 顆	132 高射重機彈	8,500 顆
81 迫砲彈	165,835 顆	美信號彈	14,997 顆
法 81 迫砲彈	1,327 顆	中信號彈	3,681 顆
82 迫砲彈	121,697 顆	小計	123,997 顆
42 重迫砲彈	83,514 顆	763 手槍彈	188,045 粒
小計	917,210 顆	9mm 手槍彈	51,526 粒
		14 式手槍彈	217 粒
		各式手槍彈	436 粒
		小計	240,224 粒
		手榴彈	1,379,736 枚

附記：

一、五四師因獨立領彈報銷，故另列一單位。

二、各暫編師包括：第一至第十三保安處、暫五〇至暫六〇師及保安支隊第一至十二及獨立各支隊。

三、各獨立團包括：警衛團、特務團、砲兵、工兵團、裝甲團、通信團、戰車營等。

四、騎兵部隊包括：騎兵第一至第四旅。

五、地方團隊包括：各省保安司令部所屬團隊及交通警察。

六、其他機關包括：各礦、各公營事業自衛武力及軍事機關學校、警察等。

七、本管區內部隊改編、併編、裁撤甚多，本表單位依十一月終現番號核列。

附表四（一） 東北區各要點屯彈概況圖

三十六年十二月中旬

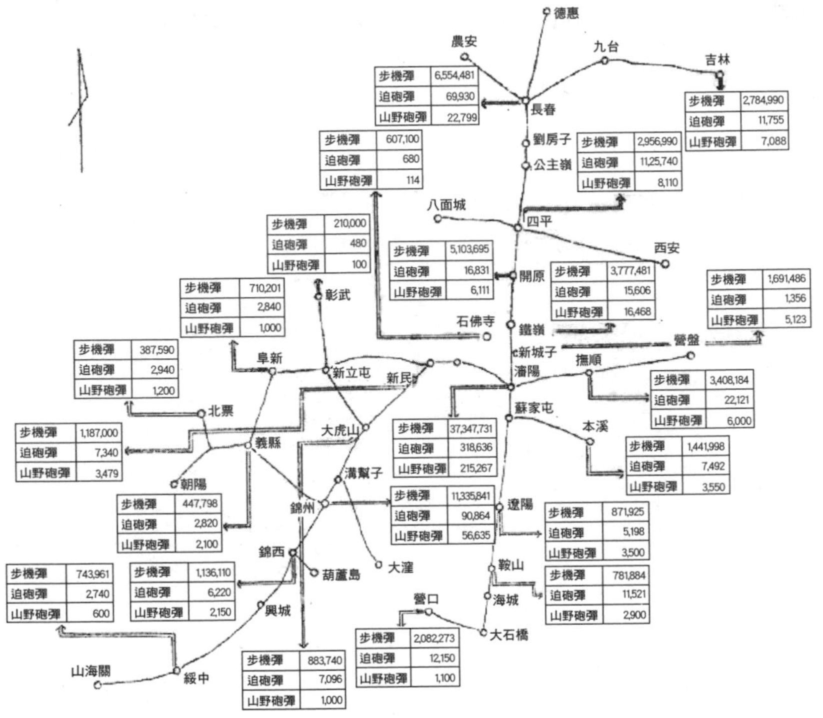

附表四（二）
東北全區截至三六年十二月中旬止
彈藥應屯現有待補情形檢討表

步槍彈（粒）	武器數	應屯數	現有數	待補數
30 步彈	正 90,405	18,081,000	8,054,703	10,026,297
79 步彈	正 44,525 團 3,579	10,694,500	1,237,741	9,456,759
65 步彈	正 23,129 團 15,890	5,420,300	5,909,280	-488,980
77 步彈	正 12,786 團 12,240	3,169,200	3,607,114	-437,914
303 步彈	正 261	52,200	135,074	-82,874
762 步彈	正 302 團 107	65,750	407,475	-341,725
30 卡柄彈	正 1504	300,800	1,209,306	-908,506
小計	204,738	37,783,750	20,560,693	17,223,057

輕機槍彈（粒）	武器數	應屯數	現有數	待補數
30 輕機彈	正 271	867,200	5,057,615	-4,190,415
79 輕機彈	正 3,789 團 372	12,422,400	962,077	11,460,323
303 輕機彈	正 3,519	11,260,800	11,132,877	-127,923
65 輕機彈	正 530 團 135	1,804,000		1,804,000
77 輕機彈	正 207 團 8	668,800	638,485	30,315
762 輕機彈	正 29 團 1	93,600	489,209	-395,609
792 輕機彈	正 3,701	11,843,200	31,462,002	-19,618,802
小計	12,523	38,960,000	49,742,265	-10,782,265

重機槍彈（粒）	武器數	應屯數	現有數	待補數
30 重機彈	正 510	3,060,000	3,079,087	-19,087
79 重機彈	正 1,735 團 62	10,503,000	1,320,823	9,182,177
65 重機彈	正 97 團 9	589,200	149,935	445,265
77 重機彈	正 220 團 31	1,366,500	3,194,299	-1,827,799
50 重機彈			27,850	
小計	2,664	15,518,700	7,765,994	7,752,706

衝鋒彈（粒）	武器數	應屯數	現有數	待補數
45 衝鋒彈	正 21,809 團 241	8,726,010	3,362,961	5,363,049
小計	22,050			

槍擲榴彈（顆）	武器數	應屯數	現有數	待補數
89 擲榴彈	正 540 團 64	22,240	16,354	5,886
美槍榴彈	正 2,077	83,080	22,148	60,772
28 槍榴彈	正 3,209	128,360	38,201	90,159
小計	5,890	234,680	76,702	157,978

迫砲彈（顆）	武器數	應屯數	現有數	待補數
60 迫砲彈	正 2,645 團 24	424,160	203,149	221,011
80 迫砲彈	正 30 團 4	4,960	7,223	-2,263
81 迫砲彈	正 230	37,760	309,920	-272,160
法 81 迫砲彈			4,685	
82 迫砲彈	正 817 團 27	131,840	84,004	47,836
42 迫砲彈	正 79	23,700	50,734	-26,674
小計	3,863	622,420	659,354	-36,934

步兵砲彈（顆）	武器數	應屯數	現有數	待補數
美 37 戰防彈	正 203	60,900	11,907	48,993
45 倍 37 戰防彈	正 4	1,200	7,858	-6,658
94 式 37 戰砲彈	正 12	3,300	8,225	-4,925
47 戰防砲彈	正 8	2,400	2,400	
47 戰車砲彈	正 13	3,900	6,264	-2,364
57 戰防砲彈	正 90	37,000	85,517	-58,517
57 戰車砲彈	正 1	300	2,123	-1,823
70 步兵砲彈	正 35 團 2	29,700	47,010	-17,310
20 自動砲彈	正 8	20,400	3,015	17,384
20 麥德生砲彈	正 4	6,400	14,218	-7,818
20 蘇羅迫砲彈		3,200	19,336	-16,136
20 伯力達砲彈			4,588	
92 機關砲彈			3,110	
小計	468	158,700	215,571	-56,871

山野榴砲彈（顆）	武器數	應屯數	現有數	待補數
10 式 75 山砲彈			300	
美 75 山砲彈	正 106	31,800	60,755	-28,955
94 式 75 山砲彈	正 28	8,400	20,550	-12,152
41 式 75 山砲彈	正 28	8,400	7,254	1,146
77 野砲彈	正 2	600	128	472
美 75 野砲彈			2,352	
38 式 75 野砲彈	正 58	17,400	11,051	6,349
105 榴砲彈	正 42	12,600	37,339	-24,739
10 榴砲彈	正 4	1,200	500	700
155 榴砲彈	正 36	10,800	8,676	2,124
15 榴砲彈			3,841	
小計	334	100,200	152,748	-52,548

高射彈（顆）	武器數	應屯數	現有數	待補數
40 高射砲彈	正 24	7,200	9,407	-2,207
25 機關砲彈			11,796	
92 式高射砲彈	正 12	3,600	1,600	2,000
98 式高射砲彈			1,000	
50 高機彈	正 18	144,000	149,950	-5,950
13 高機彈			80	
127 高機彈	正 28	224,000	38,086	185,914
132 高機彈	正 5	40,000	44,810	-4,810
小計	87	418,800	256,729	162,071

特種彈	武器數	應屯數	現有數	待補數
236 火箭彈（顆）	正 357	17,136	6,506	10,630
55 戰防槍彈（粒）	正 228	45,600	56,793	-11,193
埋伏槍彈（粒）			1,100	
火焰藥粉（斤）			84	
美信號彈（顆）	正 289	11,560	14,517	-2,957
中信號彈（顆）	正 121	4,840	3,356	1,484
小計	995	79,136	82,356	-3,220

手槍彈（粒）	武器數	應屯數	現有數	待補數
9mm 手槍彈	正 2,178 團 220	178,640	493,577	-314,937
763 手槍彈	正 1,434 團 32	15,360	200,379	-45,019
14 式手槍彈	正 733 團 286	64,360		64,360
26 式手槍彈			1,000	
小計	5,382	398,360	694,956	-296,596

手榴彈（枚）	武器數	應屯數	現有數	待補數
木柄手榴彈			444,259	
91 式洩光手榴彈			4,962	
小計	64 師份	768,000	449,221	318,779

附記：

一、表列應屯數係按現有武器，輕兵器以四個補給基數、重兵器六個補給基數屯備計劃者。

二、待補數欄內赤字係超出應屯之數。

三、綜合檢討最感缺乏之彈藥，步機彈應以 30、79為最缺，迫砲彈以 60、82為最缺。

四、「正」為正規國軍，「團」為地方保安團隊。

附表五
聯勤總部兵工署九十工廠三六年度一月至十二月各種械彈造成及解繳數量統計表

品名	65 步槍彈（粒）	77 步槍彈（粒）	92 式重機彈（粒）
三五年度結存數量	36,137	367,201	472,990
一月造成	8,080		
一月解繳			
二月造成	122,400	1,000	39,750
二月解繳	131,957	261,320	430,000
三月造成	1,576,500		
三月解繳	1,284,650	67,197	16,610
四月造成	1,800,000		
四月解繳	2,051,260	19,936	100
五月造成	1,200,000	118,400	181,600
五月解繳	1,205,185	90,123	159,095
六月造成	1,700,000	200,000	
六月繳解	1,353,680	191,970	
七月造成	1,700,000	800,000	
七月解繳	1,974,460	290,665	4,000
八月造成	1,400,000	1,062,270	
八月解繳	1,305,080	1,502,000	84,535
九月造成	1,700,000	1,000,000	
九月解繳	1,703,500	1,052,950	
十月造成	700,000	1,300,000	
十月解繳	804,590	1,202,600	
十一月造成	800,000	800,000	
十一月解繳	702,505	803,350	
十二月造成	1,400,000	1,200,000	
十二月解繳	1,002,000	803,300	
合計造成	14,106,980	6,481,670	221,350
合計解繳	13,518,867	6,245,411	694,340
庫存待發數量	624,250	603,460	

品名	79 步槍彈（粒）	45 衝鋒彈（粒）	木柄手榴彈（顆）
三五年度結存數量	749		14,190
一月造成			37,130
一月解繳			50,000
二月造成			24,000
二月解繳			11,310
三月造成	40,000		108,060
三月解繳	749		120,210
四月造成			70,000
四月解繳	2,600		71,860
五月造成			80,700
五月解繳	4,025		80,700
六月造成	54,000		23,500
六月繳解	40,630		23,500
七月造成			4,352
七月解繳	5,490		3,230
八月造成			
八月解繳	37,255		42
九月造成		500,000	
九月解繳		250,000	
十月造成		1,000,000	
十月解繳		941,250	1,080
十一月造成		1,400,000	
十一月解繳		1,487,300	
十二月造成		1,600,000	
十二月解繳		803,500	
合計造成	90,000	4,500,000	347,742
合計解繳	90,749	3,482,050	361,932
庫存待發數量		1,017,950	

品名	改 1 式手榴彈（顆）	82 迫砲彈（顆）	臨 79 步槍（支）
三五年度結存數量			
一月造成	24,820		
一月解繳	2,000		
二月造成	54,000		
二月解繳	62,200		
三月造成	118,170		
三月解繳	120,540		
四月造成	80,000		
四月解繳	72,250		
五月造成	160,800		1,600
五月解繳	170,800		
六月造成	198,900	2,000	1,000
六月繳解	198,900		
七月造成	251,970	18,000	2,400
七月解繳	174,110	20,000	3,600
八月造成	201,700	10,071	1,000
八月解繳	223,360	10,000	1,400
九月造成	218,300	29,929	1,500
九月解繳	192,000	16,900	1,700
十月造成	200,000	20,000	1,700
十月解繳	241,120	16,075	800
十一月造成	230,000		1,800
十一月解繳	232,000	25	1,700
十二月造成	200,000		1,500
十二月解繳	167,300		1,000
合計造成	1,938,660	80,000	12,200
合計解繳	1,866,580	63,000	10,200
庫存待發數量	72,080	17,000	2,000

品名	77 步槍（支）	77 輕機槍（挺）	82 迫砲（門）
三五年度結存數量	36	40	
四月造成	1,964	70	
四月解繳	2,000	110	
五月造成			
五月解繳			
六月造成			100
六月繳解			100
七月造成			50
七月解繳			
八月造成			50
八月解繳			
九月造成			
九月解繳			100
十月造成			50
十月解繳			50
十一月造成			50
十一月解繳			50
十二月造成			100
十二月解繳			32
合計造成	1,964	70	400
合計解繳	2,000	110	332
庫存待發數量			68

品名	50公斤飛機炸彈（顆）	50公斤炸彈引信（套）	41式75山砲彈（顆）
三五年度結存數量			
九月造成	1,600	1,000	
九月解繳			
十月造成	2,500	6,600	
十月解繳	4,090	4,180	
十一月造成	3,400	8,400	10,000
十一月解繳		4,000	10,000
十二月造成	2,544	4,088	10,000
十二月解繳	4,900	9,800	
合計造成	10,044	20,088	20,000
合計解繳	8,990	17,980	10,000
庫存待發數量	1,454	2,108	10,000

品名	手榴彈引信（個）	97式2公分自動砲榴彈（顆）	97式2公分自動砲破甲彈（顆）	38式75野砲彈（顆）
三五年度結存數量				
十一月造成	10,000	23,990	2,930	20,000
十一月解繳	10,000	23,990	2,930	20,000
十二月造成	25,000			
十二月解繳	25,000			
合計造成	35,000	23,990	2,930	20,000
合計解繳	35,000	23,990	2,930	20,000
庫存待發數量				

品名	14年式77野砲彈（顆）	4年式150榴砲彈（顆）	日105榴砲彈（顆）
三五年度結存數量			
十月造成	1,136	1,490	
十月解繳	1,136	1,490	3,000
十一月造成			
十一月解繳			
十二月造成		3,000	
十二月解繳		3,000	
合計造成	1,136	4,490	3,000
合計解繳	1,136	4,490	3,000
庫存待發數量			

品名	38 式 75 榴霰彈（顆）	88 式 7 厘野戰高射砲 90 式尖銳彈（顆）	47 榴散彈頭（顆）
三五年度結存數量			
十月造成	909		
十月解繳	909		
十一月造成			
十一月解繳			1,626
十二月造成		4,000	
十二月解繳		4,000	
合計造成	909	4,000	5,000
合計解繳	909	4,000	1,626
庫存待發數量			3,374

品名	77 步槍練習槍彈（粒）	99 步槍練習槍彈（粒）	38 步槍練習槍彈（粒）
三五年度結存數量			
二月造成	2,000	2,000	1,000
二月解繳			
三月造成			
三月解繳	2,000	2,000	1,000
合計造成	2,000	2,000	1,000
合計解繳	2,000	2,000	1,000
庫存待發數量			

品名	99 空包槍彈（粒）	79 空包槍彈（粒）	木柄手榴彈模型（顆）
三五年度結存數量			
二月造成	20,000	20,000	400
二月解繳			
三月造成			
三月解繳	20,000	20,000	400
合計造成	20,000	20,000	400
合計解繳	20,000	20,000	400
庫存待發數量			

附記：十二月二十五日以後解繳數量概未列入庫存待發數量內。

附表六　東北區部隊機關人馬統計審核辦法

（一）為期掌握本區現有人馬數目便利補給起見，審核標準應依照本辦法。

（二）凡審核人馬月報，根據左列規定辦理之：

1. 編制額應依據國防部核定者為準。
2. 增補：應依據本轅人事任免調補動態及現職錄為準。
3. 審核當月份人馬統計應根據上月核准人數。
4. 增購之馬匹依據呈繳之驗收機關或代購機關證明文件（或會銜呈報之文電）為準。
5. 馬騾倒斃除陣亡者外，須有軍醫之證明文件方准註銷。
6. 國馬、洋馬之種類數目須照核准有案者為準。

（三）凡列報之人馬數遇有左列情形之一者得予剔除之：

1. 超過編制者。
2. 增加之官兵馬匹未經呈准有案者。
3. 調撥之官兵馬匹交撥情形未據呈報者。
4. 上月剔減之人馬未經核准仍行列報者。
5. 傷亡、病故、失踪或潛逃者。

（四）凡所報人馬統計遇有左列情形之一者，得不予彙列或追加：

1. 當月人馬未依限呈報，尚未申述原因者（但因參戰或遇有特殊情形者除外）。
2. 列報之人馬超過其編制規定者。

3. 上月剔除之人馬未能在限期內列舉適當理由者（遇有特殊情形得酌予展期）。

（五）各單位列報之人馬數一經審核簽准，即將核定人馬數目填發「人馬審核通知單照便核實補給（附表）。

（六）人馬審核通知單每份計分四聯——甲、乙、丙、丁——甲聯交還原報單位，乙聯交補給機關依據核實結算經糧，丙聯由本處存卷備作彙編統計之用。

（七）本辦法自即日起實行，如有未盡事宜隨時修改之。

附表七（一）卅六年度整編前各部隊補充馬騾概況表

部隊	配撥數	配購省份	規定價格	已接領數
新一軍	1,000	吉林	100,000	1,000
新六軍	2,000	遼寧	175,000	1,832
五十二軍	810	遼寧	175,000	595
五十三軍	1,600	遼寧 200 遼北 500	175,000 100,000	1,578
六十軍	1,000	吉林	100,000	264
七十一軍	1,595	遼北	100,000	745
九十三軍	1,400	遼寧	175,000	1,149
十三軍	1,000	熱河 580 遼寧 420	140 美法幣 175,000	416
四十九軍	500	遼寧	175,000	327
二〇七師	1,000	遼寧	175,000	710
砲十六團	600	遼寧	175,000	600
騎一軍 騎二軍	320	遼寧	175,000	160 149
合計	12,825		券幣 18 億 8,825 萬元 法幣 8 億 1,200 萬元	1,529

附表七（二）
卅六年度整編後新成立各級司令部及暫編師馬騾補充計劃概況

部別	編制數	持有數	待補數
第六兵團	139		139
第七兵團	139		139
第八兵團	139	22	117
第九兵團	139	34	105
新三軍	701		701
新五軍	701		701
新七軍	701		701
暫五十師	569		569
暫五十二師	569	30	539
暫五十三師	569	292	277
暫五十四師	573		573
暫五十五師	1,114	18	1,096
暫五十六師	957	262	695
暫五十八師	737		737
暫五十九師	1,395	7	1,352
暫六十師	737	68	669
暫六十一師	569	72	497
暫六十二師	1,359		1,359
合計	11,771	805	10,966

附表八
東北各部隊卅六年度整編後列次補充馬騾數量表

部別	補數	飭補文號	補充辦法	備考
新三軍	150	戌馬補二政 9943 號	撥款二億元交廖司令官購補	
新六軍	150	戌馬補二政 9943 號	撥款二億元交廖司令官購補	
新七軍	500	亥銑補二政 11193 號	撥款二億一七三九萬元交補區購補	
新一軍	300	亥銑補二政 11193 號	撥款二億一七三九萬元交補區購補	
六補區	200		自購備案	
四十九軍		亥支補二政 10557 號	由六補區購補一部分	
一八四師	240	戌艷補三勛 10287 號	撥款一億交六補區購（原存一億）	（撥款係以戌馬補二政 9443 號代電）連原存共計二億元
暫二十一師	67	戌艷補三勛 10287 號	撥款一億交六補區購（原存一億）	軍部
暫五十二師	120	戌艷補三勛 10287 號	撥款一億交六補區購（原存一億）	
新三軍軍部	120	戌艷補三勛 10287 號	撥款一億交六補區購（原存一億）	
新五軍軍部	120	戌艷補三勛 10287 號	撥款一億交六補區購（原存一億）	
新七軍軍部	120	戌艷補三勛 10287 號	撥款一億交六補區購（原存一億）	
暫五十二師	120	戌艷補三勛 10287 號	撥款一億交六補區購（原存一億）	
暫五十八師	120	戌艷補三勛 10287 號	撥款一億交六補區購（原存一億）	
暫五十九師	120	戌艷補三勛 10287 號	撥款一億交六補區購（原存一億）	
暫六十一師	120	戌艷補三勛 10287 號	撥款一億交六補區購（原存一億）	
暫六十二師	120	戌艷補三勛 10287 號	撥款一億交六補區購（原存一億）	
暫五十師	120	戌艷補三勛 10287 號	以半數購大車餘款購買	
暫五十三師	120	戌艷補三勛 10287 號	以半數購大車餘款購買	
暫五十四師	120	戌艷補三勛 10287 號	以半數購大車餘款購買	
暫五十五師	120	戌艷補三勛 10287 號	以半數購大車餘款購買	
暫五十六師	120	戌艷補三勛 10287 號	以半數購大車餘款購買	
暫六十師	120	戌艷補三勛 10287 號	以半數購大車餘款購買	

附表九
聯合勤務總司令部第六補給區司令部
卅六年十二月份中旬接收內運軍糧旬報表

月份	應運包數	本月底前運到包數	本旬運到數					合計運到包數	欠運包數
			輪別	品名	單位	數量	折合大包		
10	120,000	116,724						116,724	
11	120,000	65,633	海鷹	大米	大包		25,000	113,633	
			海粵	大米	大包		23,000		
12	120,000	51,206	海黃	麵粉	袋	26,579	8,165	60,000	
			海黃	大米	大包		629		
1	4,000	4,256	海黃	大米	大包		30,000	40,000	
			海黃	麵粉	袋	26,883	5,744		
總計	400,000							330,357	69,642

附記：

一、表列本旬以前及本旬運到包數均係原解數，尚未據港口支部報實收數。

二、本月上旬海■輪運來大米三二、〇〇〇大包（外有眷糧八、八八八包），加粉三八、五四九袋（一一、八三五包），統粉二〇、一一七袋（四、二五六包）。本旬海鷹運來大米二五、〇〇〇大包，查海粵運來大米二三、〇〇〇大包，海黃輪運來麵粉五三、四六二袋（一三、九〇九包）、大米三〇、六二九大包（外有眷糧二、三〇〇包），合計一四〇、六二九大包（外有眷糧一一、一八八包），已電飭五四支部接運，惟近因葫瀋段鐵路阻斷，迄今尚未能啟運來瀋，特此陳明。

附表十（一）
各省田糧處補購本年度軍糧八萬包配額糧款表

省別	品種	配額（包）	每包單價	總價	包裝運什費	合計
遼寧	大米	20,000	400,000	8,000,000,000	8,000,000	8,008,000,000
	什糧	20,000	120,000	2,400,000,000	8,000,000	2,408,000,000
	小計	40,000		10,400,000,000	16,000,000	10,416,000,000
遼北	大米	5,000	160,000	800,000,000	2,000,000	802,000,000
	什糧	35,000	120,000	4,200,000,000	14,000,000	4,214,000,000
	小計	40,000		5,000,000,000	16,000,000	5,016,000,000
合計		80,000		15,000,000,000	32,000,000	15,432,000,000

附表十（二）
東北區卅六年度軍糧交接地點及期限數量表

民國 36 年 11 月 17 日東北軍糧計核會製

省別	地點	品種	就地撥交	交糧期限	每月應交數	三月底前各月應交總數
遼寧省	瀋陽	高粱米	213,750	12 月 1 日起 3 月止	53,438	213,750
	錦州	高粱米	119,750		29,925	119,700
	小計	高粱米	333,450		83,363	333,450
遼北省	開原	高粱米	34,200		8,550	34,200
	四平	大米	57,450		14,363	57,540
	四平	高粱米	68,400		17,100	68,400
	小計	大米	57,450		14,363	57,450
		高粱米	102,600		25,650	102,600
吉林省	長春	大米	139,650		34,912	139,650
	長春	高粱米	59,850		14,962	59,850
	永吉	大米	79,800		19,950	79,800
	永吉	高粱米	34,200		8,550	34,200
	小計	大米	219,450		54,862	219,450
		高粱米	94,050		23,512	94,050
合計		大米	276,900		69,225	276,900
		高粱米	530,100		132,525	530,100

附表十一
卅六年度正規軍大米高粱米配購額數及糧款估價表

軍糧計核委員會製

12-3 月大米大包					
省別	配額	單價	總價	包裝運雜費	合計
遼寧	26,000	130,000	3,380,000,000	10,400,000	3,390,400,000
吉林	74,000	100,000	7,400,000,000	29,600,000	7,429,600,000
小計	100,000		10,780,000,000	40,000,000	10,820,000,000
12-3 月高粱米大包					
遼寧	114,000	90,000	10,260,000,000	45,600,000	10,305,600,000
吉林	32,000	70,000	2,240,000,000	12,800,000	2,252,800,000
遼北	34,000	64,000	2,176,000,000	13,600,000	2,189,600,000
小計	180,000		14,676,000,000	72,000,000	14,748,000,000
大米高粱米大包					
總計	280,000		25,456,000,000	112,000,000	25,568,000,000

附記：

1. 表列軍糧單位每大包為 200 市斤。
2. 遼寧省應領糧款交遼寧省田糧處王處長明義具領轉發，遼北省應領糧款交遼北省田糧王兼處長洽民具領轉發，吉林省應領糧款交吉林省田糧處姜兼處長守全具領轉發。
3. 表列遼寧省大米、高粱米價格係暫案瀋陽市限價大米每斤 650 元、高粱米每市斤 350 元估計列算，遼北省暫按遼北省田糧處戌元電報高粱米每市斤 320 元，吉林省暫按該省田糧處戌巧電報大米每市斤 500 元、高粱米每市斤 350 元估計算。
4. 包裝運什費每大包暫按 400 元計算。
5. 此項糧款由本會逕請行轅墊撥。

附表十二
聯合勤務總部第六補給區司令部卅六年十二月份中旬接收外購軍糧數量旬報表

（經常糧，單位：大包）

月份	品種	本月應期接收包數	本旬接收包數	合計接收包數	備考
10	正糧	20,523		20,523	
	什糧	51,313 又 89 斤		51,313 又 89 斤	
11	正糧	93,788		93,788	
	什糧	18,757		18,757	
12	正糧		2,255 又 150 斤	2,255	吉林省田糧處撥交
	什糧		3600	3,600	遼寧省田糧處撥交
合計	正糧	114,311	2,255 又 150 斤	116,556 又 150 斤	
	什糧	77,060 又 89 斤	73,670 又 89 斤	73,670 又 89 斤	

附表十三
東北區屯糧計劃檢討表（在匪軍第六次攻勢以前）

（單位：大包）

地點	部隊	月份	應屯數	已屯數	未屯數
瀋陽	一個軍 二個師	一個月	17,500	15,100	2,400
撫順	二個師	半個月	6,000	6,000	
鞍山	一個師	半個月	1,500		1,500
遼陽	一個軍部 一個師 一個支隊	半個月	2,000		2,000
本溪	一個師	半個月	2,500		2,500
大石橋	一個師	一個月	2,500		2,500
營口	一個師	一個月	1,500		1,500
彰武	一個師	一個月	1,500	400	1,100
大虎山	一個騎兵旅 一個師	半個月	3,500		3,500
四平	五個師 二個軍部	二個月	30,000		30,000
開原	一個軍	一個月	11,000		11,000
長春	一個督訓處 三個師 一個支隊 松北綏部	二個月	25,000	10,387	14,613
永吉	三個師 一個軍部 一個支隊	二個月	16,000	6,901	9,059
錦州	第三督訓處 第一集團軍 一個軍 一個師	一個月	13,000	6,750	6,250
阜新	一個師	一個月	2,500	1,590	910
朝陽	交警第三總隊	一個月	1,500	780	720
北票	一個騎兵支隊	一個月	1,500	3,290	
義縣	一個軍 一個騎兵支隊	一個月	5,000		5,000
綏中	一個師	半個月	1,000	1,000	
興城	一個軍 一個支隊	半個月	5,000	1,000	4,000
合計			150,000	53,238	96,762

附表十四　東北屯糧計劃表（在匪軍第六次攻勢後）

地點	部隊	月份	應屯數
瀋陽	三個軍	三個月	79,200
永吉	一個軍	六個月	52,000
長春	兩個軍（欠一個師）	六個月	88,800
四平	一個軍	三個月	26,400
開原	一個軍（欠一個師）	二個月	12,000
鐵嶺	一個軍（欠一個師）	一個月	6,000
撫順	兩個師	一個月	5,600
本溪	一個師	一個月	2,800
遼陽	一個師	一個月	2,800
鞍山	一個師	一個月	2,800
營口	一個師（交警總隊）	二個月	5,600
新民	一個師	半個月	1,400
法庫	一個師	一個月	2,800
黑山	一個軍（欠一個師）	一個月	6,000
彰武	一個師	一個月	2,800
錦州	二個軍	三個月	52,800
錦西	二個師	一個月	5,600
興城	一個團	一個月	600
綏中	一個師	一個月	2,800
義縣	一個師	二個月	5,600
北票	一個團	兩個月	1,200
阜新	一個師	兩個月	600
秦皇島	一個師	兩個月	2,800
合計			274,000

附記：
一、本表列屯糧照年度屯糧專案可購之一五萬大包及預購四個月之經常糧撥屯之。
二、屯糧數以大包為單位。

附表十五　卅六年度副秫費歷月份支給標準一覽表

月份	副食	馬乾（國）	馬乾（洋）
三月份	1,100	2,600	3,900
四月份	1,600	3,400	5,100
五月份	1,741	361,290	541,930
六月份	2,000	4,000	8,000
七月份	3,500	9,000	18,000
八月份	4,500	12,000	24,000
九月份	6,500	32,000	64,000
十月份	6,500	32,000	64,000
十一月份	6,500	32,000	64,000
十二月份	9,500	50,000	75,000

附記：
（一）元、二兩月份副干費支給標準與三月份同。
（二）表列金額均係中央規定。
（三）本表所列九月份以前副食費官兵均包括在內，惟自十月份起官佐副食費取消。

附表十六　東北區副食定量按時價折合代金款額表

品種	月給定量（兩）	折合斤數	每市斤單價	合計	除豆鹽發給實物外計列	備考
植物油	27	1.11	7,500	12,656.35	12,656.25	按豆油價計列
豆類	60	3.12	760	2,850.00		按大豆價計列
肉類	90	5.10	6,500	36,562.50	26,562.50	按肉價計列
蔬類	300	18.12	350	6,562.50	6,562.50	按白菜價計列
燃料	630	39.15	250	9,984.27	9,994.27	按塊煤價計列
食鹽	15	0.15	1,300	1,218.75		按精鹽價計列
合計				69,834.37	65,765.62	

附記：
一、本表所列月份按卅天小月計算。
二、表列單價係根據十二月卅日時價計列瀋陽市。

附表十七　整理本市電力供配原則

等級	第一級
用途	照明及動力
供電時間	
供電用戶	（甲）東北行轅、車站、電信局、電力局、變電所、防空警報電笛、城防周圍網（必要時供電）、結凍時期各自來水源、資委會、電機修理工廠、行轅指定軍用電台、行轅主任官邸 （乙）空軍司令部、防守司令部、第六補給區、勵志社、第一二招待所、報館、通訊社、廣播電台、後方醫院、瀋陽醫學院附屬醫院小河沿施醫院 （丙）電車廠、行轅明令指定之招待所、夏季自來水源煤氣廠
供配方法	（甲）經常供電 （乙）視電源情形盡量供電 （丙）如電源不敷使用隨時停供電
需要電量（日）	（甲）2,500 （乙）1,000 （丙）500
需要電量（夜）	（甲）3,000 （乙）1,000 （丙）500
附記	（甲）全市電源僅有 3,000 瓩時 （乙）超過 3,000 瓩至 4,000 瓩時 （丙）超過 4,000 瓩至 4,500 瓩時
第一級需要電量（累計）	（日）4,000 （夜）4,500

等級	第二級
用途	照明
供電時間	點燈時間起至翌晨天明
供電用戶	（甲）各軍政機關辦公廳、路燈、警機關及能接線之警察分局、盟國領事館第一級以外電台 （乙）行轅課長、部隊團長、省市政府廳處長以上官員住宅、官私立大學及學生宿舍
供配方法	（甲）電源如不敷分配時由夜廿三點起停供 （乙）電源不足時暫停供電
需要電量（日）	
需要電量（夜）	（甲）1,000 （乙）1,000
附記	（甲）全市電源有 5,500 瓩時 （乙）超過 5,500 瓩時至 6,500
用途	生產
供電時間	鐵西區晝間起其他夜十八點起至翌晨天明
供電用戶	經行轅或准之重要軍需民食工廠
供配方法	電源不足時鐵西輪流供電其他地區由廿三點起輪流或停供
需要電量（日）	5,000
需要電量（夜）	5,000
附記	電源由 6,500 瓩至 11,500 瓩
第一、二級需要電量（累計）	（日）9,000 （夜）11,500

等級	第三級
用途	照明
供電時間	點燈時間起至廿三點止
供電用戶	軍政機關、重要職員宿舍
供配方法	視電源增減情形斟酌供電
需要電量（日）	
需要電量（夜）	15,000
附記	全市電源超過 15,000 瓩至 26,500 瓩時
用途	生產
供電時間	廿三點起至翌晨天明
供電用戶	國公民營生產工廠
供配方法	視電源增減情形斟酌供電
需要電量（日）	
需要電量（夜）	
附記	全市電源超過 15,000 瓩至 26,500 瓩時
第一、二、三級需要電量（累計）	（日）9,000 （夜）26,500

附記：

1. 全市電源在 4,500 瓩以內時，僅第一級用戶供電，其他全部停供，不得破例要求。
2. 行轅批准備案後，視電源增減情形，隨時分別按本原則施行。
3. 兵工廠電源除外。
4. 對和平區各機關鍋爐取水用電暫按下規定時間供電：上午八時至九時，中午十二時至下午一時，下午四時半至五時半，如未在幹線上可自備材料派員來局洽辦架設專線。
5. 其他各區暫不供給。

附表二十　東北防護輸電線路器材獎懲辦法

一、為謀東北區勦匪期間電源安全輸電正常，特依據戰時交通器材防護條列制定本辦法，以加強防護效率。

二、本辦法之效力普及於資源委員會東北電力局所據各省（市）電力局供電之全部區域，但有特殊原因及受戰事影嚮者例外。

三、凡已經輸電及待輸電力之線路由各該地之駐軍及各該管地方政府及其所屬之治安部隊遵照戰時交通器材防護條例第一條劃分區域擔任防護全責，其實施防護方法由當地軍、政、電三方查各地情形會訂施行。

四、輸電線路無論器具材料疏於防範或因防護不力導致被匪毀壞電源中斷或妨礙輸電時，得由電力局詳報，視毀壞程度輕重，按照戰時交通器材防護條例第十條規定懲辦擔任防護人，其主管長官連帶負責臨時議處。

五、輸電線路無論器具材料疏於防範或因防護不力導致被盜或被拆用其他處所妨礙輸電時，得由電力局詳報，視勒限日期未能緝還情形，按照戰時交通器材防護條例第十條規定懲辦擔任防護人，其主管長官連帶負責臨時議處。

六、第四條之匪犯及第五條之盜犯緝獲後，送軍法機關按戰時交通器材防護條例第十二、十三條治罪。

七、第五條之拆用器材人以毀壞論，同前條辦理。

八、軍法機關傳訊或逮捕匪盜有關人犯，如有涉及司法行政職權範圍時，應照司法程序辦理。

九、各地駐軍及行政地方部隊按戰時交通器材防護條例第八條規定，防護得力未遭毀壞或被竊器材時得由電力局詳報，照該條例規定獎勵擔任防護人，其主管長官連帶另行受獎。

十、電力局詳報毀壞或被盜以及被拆用器材時，以一文一案為原則，並應將日期、時間、地點、器材名稱、數量、該地駐軍及地方機關部隊番號、修復或組還日期詳列報告表附呈核辦。

十一、電力局呈報上項案件為證明事實，得由毀壞地或被竊地之駐軍及地方機關部隊出具證明附呈，如有妄報及拒絕證明情形即以誣報及違令論處。

十二、輸電區域或搶修區域，軍、政、電三方不得藉故利用職權侵擾人民私有資材，違者以擾民論。

十三、本辦法如有未盡事宜，悉依戰時交通器材防護條例辦理。

十四、本辦法於東北剿匪結束恢復正常後明令廢止。

十五、本辦法自公佈之日實施，並報請國防部核備。

附表廿一（一）
第六補給區司令部接收營房數量暨擬行修繕估價一覽表

卅六年八月間估價

營房地址	處所	棟數	間數	容量（人）	估價概數（元）
吉林	3	194			
長春	25	717	17,878	56,600	18,819,700,000
公主嶺	9	321	7,803	12,500	11,454,350,000
四平	3	320	720	17,200	11,215,400,000
撫順	2	17	347	1,200	401,650,000
本溪	2	21	254	800	127,000,000
遼陽	9	216	5,588	2,600	6,875,400,000
海城	3	130	3,268	8,300	4,327,100,000
大石橋	1	41	297	1,000	206,450,000
鐵嶺	2	47	916	2,700	1,328,200,000
瀋陽	11	457	9,718	24,000	7,992,300,000
大虎山	1	37	565	2,000	641,600,000
北鎮	1	15	68	500	34,000,000
錦州	1	384	4,421	6,000	3,096,950,000
綏中	1	19	310	1,200	176,750,000
錦西	1	47	1105	4,000	771,450,000
溝幫子	1	47	399	2,000	578,550,000
營口	1	35	249	2,000	181,500,000

附表廿一（二）
卅六年度本行轅核定營繕預算費款概數表

營房地址	營房名冊	修整棟數（及附屬工程）	修繕費款（元）	備考
瀋陽	塔灣營房	計二十四棟	776,000,000	已全部竣工
瀋陽	東大營東院營房	計六十四棟	932,000,000	已全部竣工
瀋陽	東大營東西外院	計四十二棟	830,000,000	已全部竣工
錦州	北大營營房	計約二六八棟（詳數不確）	1,323,954,266	現將竣工（原定一月五日交工）原預算1,444,148,366元扣破房木材費12,019,410元
四平	二哩營房	計二十棟	140,000,000	已全部竣工
撫順	第三軍官訓練班營舍	計三十三棟（一號至三三號）	100,000,000	已全部竣工
四平	九十一師八十八師營舍	棟數約六棟（詳數不確）	60,000,000	已全部竣工
瀋陽	中訓團營舍暖氣費	修整暖汽	20,000,000	已全部竣工
瀋陽	防守司令部本部	修整營舍	20,000,000	不詳
瀋陽	塔灣東大營牀鋪	牀鋪工款	250,535,880	原為252,535,880元後成，修大門2,000,000元現未竣工
瀋陽	東大營馬廄	馬廄二棟	212,580,000	現未竣工
瀋陽	青訓大隊營舍	計九棟	5,000,000	現已竣工
長春	新六軍營舍	馬廄營舍	5,000,000	不詳
瀋陽	暫六一師營舍	修整棟數不詳	4,531,000	現已竣工
瀋陽	新六軍營舍	修整暖汽	3,200,000	現已竣工
瀋陽	塔灣營房	水井三眼	600,000	現已竣工
瀋陽	塔灣營房	電力沒有登記費	1,231,000	現已繳款
總計營舍修繕工程費款計約4,685,632,146元				

附註：

一、已奉准撥發修繕費款但未動工支付之款項未列在內。

二、各工程完工後應結算之工程加減屋款未能列入，

三、以上各款均係補給區由借墊之五十五億元支付。

附表廿二（一） 東北營房保管暨交接實行手續須知

一、各部隊機關駐用營房，對於營產之保管及交接除照國防部管產管理實施細則辦理外，並應遵照本須知之規定。

二、各部隊機關奉准駐用營房或原駐營房奉命移防時，應與營產管理機關會同依照營房現狀設備等造具清冊四份，駐軍存一份，營產管理機關存一份，六補區及本行轅各存一份。

無駐軍使用之營房造冊三份，分由營產管理機關、六補區及本行轅存查。

三、凡部隊機關駐用營房應照交接冊報現狀設備經常負責保管，無駐軍使用之營產由該管理機關照冊報時之現狀設備負責保管，必要時得呈請派遣監護部隊協助之。

四、駐用營房之部隊機關於使用期間有毀損情事，得由營產管理機關轉呈本行轅核辦，除責成駐用單位賠補修繕外，負責保管人及主官應受連帶處分。

無駐軍使用之營產發生損毀情事，營產管理機關負責保管人及主官應受連帶處分，但因受暴力威脅或天災無法防禦而致損毀時，須取具地方政府或保甲長證明報核。

五、對於冊報中損毀不堪修理之營房經管理機關呈報准拆用材料後未待拆除或已拆除未運被竊以及全部遺失，倘非因暴力劫掠無法抵禦致損失時，應由營產管理機關負責賠償，其附近有駐軍時該部隊亦得受失查處分。

六、駐用營房之部隊機關於移防時遷出前應通知營房管理機關派員點收無訛後給據收執，如有與原接用時不符之損毀情形，得按第四條辦理，倘有移防之駐軍或機關竟不通知接收以致事後發現拆毀遺失情事，除責成原駐用部隊賠補修繕外，並追究主管各級官長依法議處。

七、駐用營房期間或保管營房期間受戰事影響及雷擊、地震、水災、風災等非人力所能抵抗者損毀時，經查實後不受第四條、五條、六條之限制，應由營產管理機關詳細冊報本行轅及六補區備查。

八、凡屬損毀遺失營房設備，經負責機關部隊賠補修繕與原來設備等項如有不符時，應另行修補，必須恢復原狀為止。

九、駐用營房或保管營房，無論駐軍及管理機關發現完整及堪修之營房有危險須要整修時，得由駐軍及管理機關轉請營產主管機關派員勘查報核。

十、本須知如有未盡事宜，得按營產管理實施細則辦理。

十一、本須知自公佈日施行。

附表廿二（二）　佔用敵偽房舍處理辦法

（一）機關部隊佔用房地產管理局房舍應經過正式手續報請撥借或租用，軍眷駐用房地產管理局房舍應辦理租賃手續，遵照房產管理局之規定於遷移時交還房產局，如有私讓情形依法嚴辦。

（二）軍事機關部隊駐用工廠房舍在妨礙生產工作管理原則下應暫准借用，不得有強制及破壞行為，並遷移時不得私讓，應交還原工廠，違者依法嚴辦。

（三）軍眷住用其他機關或工廠所屬之房舍，凡因以前產權未清且逕與房產局定租約者，暫准照租約規定金繳交新產權機關（由房產局根據統一接收委員會核定之產權機關通知現住戶）。

其未經房產局訂約者或已訂約期滿失效者，暫准產權管理機關比照房產局租金數目酌訂租價，由住用軍眷繳納，以上租用軍眷房舍於遷移時交還原產權人（或機關工廠商號），不得轉讓。

不屬於軍事機關之團體與眷宅等佔用房舍，由原產權機關逕向佔用者之主管機關洽議租借辦法。

標售廠房被軍方佔用者，由產管理機關專案報請核辦。

附表廿三　鐵路現有車輛及運輸能力調查表

<table>
<tr><td colspan="5">瀋陽通車區域
瀋陽至新民、平頂堡、沙河、牛心台、撫順、營盤</td></tr>
<tr><td rowspan="7">現有能運用之車數</td><td colspan="2">機車</td><td colspan="2">32</td></tr>
<tr><td colspan="2">客車</td><td colspan="2">110</td></tr>
<tr><td rowspan="4">貨車</td><td>棚車</td><td colspan="2">130</td></tr>
<tr><td>敞車</td><td colspan="2">264</td></tr>
<tr><td>平車</td><td colspan="2">120</td></tr>
<tr><td>合計</td><td colspan="2">514</td></tr>
<tr><td colspan="3">能編成列車數</td><td colspan="2">15</td></tr>
<tr><td rowspan="11">運輸裝載能力</td><td colspan="2">品名</td><td>專品運輸</td><td>依車輛性質運輸</td></tr>
<tr><td colspan="2">官兵</td><td>34,300 員</td><td>17,500 員</td></tr>
<tr><td colspan="2">馬匹</td><td>7,092 匹</td><td>4,752 匹</td></tr>
<tr><td colspan="2">彈藥</td><td>13,260T</td><td>11,820T</td></tr>
<tr><td colspan="2">糧秣</td><td>13,020T</td><td>11,820T</td></tr>
<tr><td colspan="2">砲</td><td>768 門</td><td>240 門</td></tr>
<tr><td colspan="2">槍械</td><td>7,110T</td><td>5,910T</td></tr>
<tr><td colspan="2">卡車</td><td>120 台</td><td>120 台</td></tr>
<tr><td colspan="2">大車</td><td>2,832 輛</td><td>720 輛</td></tr>
<tr><td colspan="2">被服</td><td>6,078T</td><td>5,118T</td></tr>
<tr><td colspan="2">器材</td><td>9,080T</td><td>7,880T</td></tr>
</table>

<table>
<tr><td colspan="5">大虎山通車區域
大虎山至大凌河、八道壕、大窪</td></tr>
<tr><td rowspan="7">現有能運用之車數</td><td colspan="2">機車</td><td colspan="2">6</td></tr>
<tr><td colspan="2">客車</td><td colspan="2">10</td></tr>
<tr><td rowspan="4">貨車</td><td>棚車</td><td colspan="2">35</td></tr>
<tr><td>敞車</td><td colspan="2">170</td></tr>
<tr><td>平車</td><td colspan="2">30</td></tr>
<tr><td>合計</td><td colspan="2">235</td></tr>
<tr><td colspan="3">能編成列車數</td><td colspan="2">7</td></tr>
<tr><td rowspan="11">運輸裝載能力</td><td colspan="2">品名</td><td>專品運輸</td><td>依車輛性質運輸</td></tr>
<tr><td colspan="2">官兵</td><td>12,150 員</td><td>2,750 員</td></tr>
<tr><td colspan="2">馬匹</td><td>3,690 匹</td><td>3,060 匹</td></tr>
<tr><td colspan="2">彈藥</td><td>6,510T</td><td>6,150T</td></tr>
<tr><td colspan="2">糧秣</td><td>6,450T</td><td>6,150T</td></tr>
<tr><td colspan="2">砲</td><td>400 門</td><td>60 門</td></tr>
<tr><td colspan="2">槍械</td><td>3,375T</td><td>3,075T</td></tr>
<tr><td colspan="2">卡車</td><td>30 台</td><td>30 台</td></tr>
<tr><td colspan="2">大車</td><td>1,540 輛</td><td>180 輛</td></tr>
<tr><td colspan="2">被服</td><td>2,805T</td><td>2,565T</td></tr>
<tr><td colspan="2">器材</td><td>4,400T</td><td>4,100T</td></tr>
</table>

錦州通車區域 錦州至雙羊甸、山海關、葫蘆島、薛家			
現有能運用之車數	機車	19	
	客車	30	
	貨車 棚車	90	
	貨車 敞車	250	
	貨車 平車	85	
	貨車 合計	425	
能編成列車數		12	
運輸裝載能力	品名	專品運輸	依車輛性質運輸
	官兵	22,550 員	7,500 員
	馬匹	6,120 匹	4,500 匹
	彈藥	11,220T	10,200T
	糧秣	11,050T	10,200T
	砲	670 門	170 門
	槍械	5,950T	5,100T
	卡車	85 台	85 台
	大車	2,510 輛	510 輛
	被服	5,030T	4,350T
	器材	7,650T	6,800T

遼陽通車區域 遼陽至峨嵋			
現有能運用之車數	機車		
	客車	8	
	貨車 棚車	20	
	貨車 敞車	100	
	貨車 平車		
	貨車 合計	120	
能編成列車數		3	
運輸裝載能力	品名	專品運輸	依車輛性質運輸
	官兵	6,800 員	1,800 員
	馬匹	2,160 匹	1,800 匹
	彈藥	3,600T	3,600T
	糧秣	3,600T	3,600T
	砲	200 門	
	槍械	1,800T	1,800T
	卡車		
	大車	800 輛	
	被服	1,500T	1,500T
	器材	2,400T	2,400T

<table>
<tr><td colspan="5">合計</td></tr>
<tr><td rowspan="7">現有能運用之車數</td><td colspan="2">機車</td><td colspan="2">52</td></tr>
<tr><td colspan="2">客車</td><td colspan="2">158</td></tr>
<tr><td rowspan="4">貨車</td><td>棚車</td><td colspan="2">275</td></tr>
<tr><td>敞車</td><td colspan="2">754</td></tr>
<tr><td>平車</td><td colspan="2">235</td></tr>
<tr><td>合計</td><td colspan="2">1,294</td></tr>
<tr><td colspan="3">能編成列車數</td><td colspan="2">37</td></tr>
<tr><td rowspan="11">運輸裝載能力</td><td colspan="2">品名</td><td>專品運輸</td><td>依車輛性質運輸</td></tr>
<tr><td colspan="2">官兵</td><td>75,800 員</td><td>29,550 員</td></tr>
<tr><td colspan="2">馬匹</td><td>1,906 匹</td><td>14,112 匹</td></tr>
<tr><td colspan="2">彈藥</td><td>34,590T</td><td>31,770T</td></tr>
<tr><td colspan="2">糧秣</td><td>34,120T</td><td>31,770T</td></tr>
<tr><td colspan="2">砲</td><td>2,038 門</td><td>470 門</td></tr>
<tr><td colspan="2">槍械</td><td>18,235T</td><td>15,885T</td></tr>
<tr><td colspan="2">卡車</td><td>235 台</td><td>235 台</td></tr>
<tr><td colspan="2">大車</td><td>7,682 輛</td><td>1,410 輛</td></tr>
<tr><td colspan="2">被服</td><td>15,413T</td><td>13,533T</td></tr>
<tr><td colspan="2">器材</td><td>23,530T</td><td>21,180T</td></tr>
</table>

備考：

1. 本表之車輛數係依據軍運指揮所報告。
2. 凡入廠待修理及不能應用之車輛均未列入。
3. 因路線阻礙不滑，故在表內分通車區域以資清醒。
4. 列車編成數每列概以貨車 35 輛計算之（每客車一輛合貨車二輛計算之）。
5. 本表之能編成列車數僅以貨車計算之，客車因性質不同未列入。
6. 本表之專品運輸係指用所有各種車輛專運某一項軍品而言。
7. 本表依車輛性質運輸係指用適合裝載條件之車輛而運輸某一項軍品而言。
8. 裝載軍品數量計算之標準如下列各項，括弧內之車輛係表示不適合裝載條件者：
   （A）官兵：客車 100 員、棚車 50 員、（敞車）50 員、（平車）30 員
   （B）馬匹：敞車 18 匹、（棚車）18 匹
   （C）彈藥：棚車 30T、敞車 30T、平車 12T
   （D）糧秣：棚車 30T、敞車 30T、平車 10T
   （E）砲：平車 2 門、敞車 2 門
   （F）槍械：棚車 15T、敞車 15T、（平車）10T
   （G）卡車：平車 1 台
   （H）大車：平車 6 輛、敞車 8 輛
   （I）被服：棚車 15T、敞車 12T、（平車）8T
   （J）器材：棚車 20T、敞車 20T、平車 10T

附表廿四　三六年度軍運統計表

		1 月	2 月	3 月
部隊	官兵	128,277	120,943	268,080
	馬匹	13,598	11,290	19,207
軍品噸數	糧秣	18,026	16,552	26,673
	被服	5,346	5,334	8,809
	械彈	7,222	6,031	17,513
	器材	9,756	9,730	9,252
	其他	16,761	3,522	8,005
	合計	57,111	41,169	70,250
	汽車	1,000	652	1,599
車輛輛數		6,797	3,038	11,060
整列次數		191	145	359
延人公里		27,493,448	14,888,687	52,220,899
延匹公里		1,809,383	2,858,967	3,421,088
延噸公里		10,215,059	8,639,612	12,583,425
延車公里		1,319,494	1,036,821	1,905,565
延列車公里		32,567	27,752	59,980

		4 月	5 月	6 月
部隊	官兵	172,756	280,299	245,160
	馬匹	8,294	4,899	12,222
軍品噸數	糧秣	50,989	29,740	24,653
	被服	8,233	9,729	6,835
	械彈	8,653	14,505	11,617
	器材	7,141	11,057	16,154
	其他	6,392	6,997	6,860
	合計	61,381	72,082	66,119
	汽車	864	1,007	1,148
車輛輛數		7,057	9,987	9,002
整列次數		214	303	291
延人公里		29,813,994	57,417,838	30,627,491
延匹公里		1,314,016	3,885,947	1,672,615
延噸公里		11,951,027	13,902,935	11,486,395
延車公里		1,349,406	2,095,152	1,185,266
延列車公里		29,440	62,196	42,164

		7月	8月	9月
部隊	官兵	153,055	189,966	260,008
	馬匹	4,669	6,391	14,816
軍品噸數	糧秣	18,563	18,635	36,917
	被服	3,057	8,400	17,274
	械彈	8,378	8,614	16,953
	器材	8,041	8,347	7,802
	其他	8,936	3,238	14,904
	合計	46,975	47,234	93,850
	汽車	467	592	1,377
車輛輛數		5,903	6,796	10,645
整列次數		184	178	318
延人公里		21,460,448	24,228,553	49,058,015
延匹公里		561,998	1,148,174	2,824,618
延噸公里		8,947,153	6,885,911	17,903,783
延車公里		903,036	995,738	2,104,746
延列車公里		28,144	25,545	65,381

		10月	11月	12月	合計
部隊	官兵	369,259	190,206	135,866	2,513,877
	馬匹	24,350	15,709	6,871	142,676
軍品噸數	糧秣	35,096	12,637	18,036	286,508
	被服	12,664	10,708	4,629	101,018
	械彈	20,963	9,779	8,535	138,745
	器材	13,055	16,702	4,980	122,017
	其他	62,841	32,667	16,120	187,243
	合計	144,617	82,493	52,300	835,531
	汽車	1,744	927	530	11,907
車輛輛數		12,815	7,137	4,680	96,917
整列次數		404	200	210	2,997
延人公里		40,421,709	24,107,682	11,990,325	391,729,089
延匹公里		3,236,436	2,272,806	662,859	25,668,907
延噸公里		20,110,041	12,086,691	6,312,358	141,024,390
延車公里		1,858,914	900,012	546,081	16,200,231
延列車公里		56,833	29,777	16,831	476,610

附表廿五　現有巡查列車數量駐地暨巡查區域統計表

軍辦公處	路線	車號	使用部隊	巡查區域	駐地
瀋陽	瀋吉線	保順號	二〇七師	瀋陽（不含）營盤（含） 蘇家屯（不含）撫順（含）	撫順
	瀋安線	保宮號	二〇七師	蘇家屯（不含）林家台（含）	宮原
	瀋陽站	機動使用	軍辦公處控制	臨時調派	南站
遼陽	中長路	保安號	五二軍	洪陽（不含）大石橋（含） 大石橋營口間	鞍山
長春	吉長線	保長號	新一軍	長春（含）九台 長春（含）農安	長春
	中長路	保立號	中長警屬	長春（含）德惠 長春（含）蘇家屯	長春
四平	中長路	風虎號	中長警屬	四平周圍	四平
	中長路	保鐵號	中長警屬	瀋陽（含）四平（不含）	鐵嶺
錦州	瀋榆線	保錦號	錦鐵警護	溝幫子（不含）興城間	錦州
	瀋榆線	保虎號	錦鐵警護	瀋陽（不含）溝幫子（含） 溝幫子大窪（含）間	大虎山
	瀋榆線	保綏號	九三軍前進指所	興城（含）山海關（含）間	綏中
	錦吉線	保義號	錦鐵警護	錦州（不含）朝陽（含）間 新立屯（含）北票（含）間	義縣
	新義大鄭線	保新號	四九軍	大虎山（不含）彰武（含） 高台山（不含）新立屯（不含）間	新立屯
永吉	吉長線	保吉號	吉東兵團	吉林（含）九台間 吉林（含）老爺嶺間	吉林
合計	十四列				

附表廿六　改造棚車工作進度表

36 年 12 月 31 日
卅七年元月六日機雜發字第四號

改造廠段	指定改造	完成檢修工作	完成構架	全部竣工
皇姑屯機場	260	61	23	37
皇姑屯檢車段	35	4	10	
錦州檢車段	35	3	6	1
大官屯檢車段	30	30		
吉林檢車段	40			
中長路	100	50	14	36
中長路大修	100			100
總計	600	148	53	174

附表廿七（一）
三六年度空運空投各地軍品數量及飛機架次統計表

長春	空運			空投		
	C-46	C-47	重量公斤	C-46	C-47	重量公斤
五月		19	39,621		6	11,905
六月	61	12	264,598			
七月	7		22,702			
八月	57		185,514			
九月	69	7	259,988			
十月	9		29,988			
十一月	169		164,266			
合計	372	38	966,667		6	11,905

永吉	空投		
	C-46	C-47	重量公斤
五月		2	3,813
十月	2	4	15,502
十一月	11	14	65,102
合計	13	20	84,417

四平	空運			空投		
	C-46	C-47	重量公斤	C-46	C-47	重量公斤
六月	1	43	91,083		135	343,293
七月		12	23,200			
十月		76	153,513			
合計	1	131	267,769		135	343,293

開原	空投		
	C-46	C-47	重量公斤
十月	6	4	17,337
合計	6	4	17,337

梅河口	空投		
	C-46	C-47	重量公斤
五月		9	18,755
合計		9	18,755

法庫	空投		
	C-46	C-47	重量公斤
十二月	3	9	25,582
合計	3	9	25,582

新立屯	空投		
	C-46	C-47	重量公斤
十二月		2	7,834
合計		2	7,834

隆化	空投		
	C-46	C-47	重量公斤
五月		2	3,211
合計		2	3,211

朝陽	空投		
	C-46	C-47	重量公斤
十月	1		6,217
合計	1		6,217

綏中	空投		
	C-46	C-47	重量公斤
十月	2		6,451
合計	2		6,451

營盤	空投		
	C-46	C-47	重量公斤
十月		2	5,139
合計		2	5,139

統計：

空運共使用 C46機 373 架次、C47機 169 架次，共空運軍品 1,234,463公斤。

空投共使用 C46 機 25 架次、C47 機 189 架次，共空投軍品 530,141 公斤。

附記：

一、十月份係由瀋空運長春新一軍補充團用機 75 架次，十一月份由長運瀋新一軍一個師（N30D）用機 121 架次，均未列入。

二、空運鈔券及專機未列入。

附表廿七（二）三十六年度由瀋空運各地人員統計表

北平	中航	空軍
一月		61
二月		24
三月		10
四月		27
五月		35
六月		58
七月		27
八月		2
九月		3
十月	49	36
十一月	31	27
十二月		93
統計	80	358

長春	空軍
一月	
二月	
三月	15
四月	31
五月	
六月	14
七月	65
八月	16
九月	16
十月	111
十一月	171
十二月	228
統計	667

吉林	空軍
一月	
二月	
三月	
四月	
五月	
六月	
七月	
八月	
九月	16
十月	
十一月	3
十二月	2
統計	21

四平	空軍	南京	空軍
一月		一月	2
二月		二月	1
三月		三月	4
四月	65	四月	17
五月		五月	9
六月	79	六月	181
七月	81	七月	12
八月		八月	
九月		九月	2
十月	45	十月	
十一月	2	十一月	
十二月	2	十二月	
統計	274	統計	228

附記：全年共運各地人員 1,628員。

附表廿八（一）　葫島輸出海運軍品統計表

月份	起訖地點	船數	載運軍品			載運人員	備考
			軍糧	被服	器材		
7	葫至滬	4	3,650		24	600	軍糧係大豆
8	葫至滬	3	1,060			648	員兵係傷兵
11	葫至秦	1	50	3			
11	葫至營	2	120	27	1,014		
12	葫至秦	1	30				
統計		11	4,910	30	1,038	1,248	

附記：
1. 表列軍品以噸為單位。
2. 輸運以十二月二〇日為截止日期。

附表廿八（二）卅七年度葫秦二港海運軍品輸入統計表

月份	起訖地點	船數	載運軍品						載運人馬	
			軍糧	械彈	車輛	油料	被服	器材	人員	馬匹
1	滬至秦	3	3,721	1,453				15	217	27
2	滬至秦	2	1,892	931			32			190
3	滬至秦	4	7,210	1,853				98		
4	滬至秦	6	2,056	700		3,640	300	621	950	15
	滬至葫	1	3,999	274			183	30		
5	滬至秦	1	1,120	98						
	滬至葫	4	2,187	500			56	85	841	
6	滬至葫	6	4,990	2,874	200	405		394	473	828
7	滬至葫	8	11,522	3,730		3,000		50	8,465	123
8	滬至葫	14	3,399	3,170			150	72	21,542	190
9	滬至葫	11	24,920	6,750	270	1,300	735	241	2,092	
10	滬至葫	9	785	1,350	280				13,655	
11	滬至葫	8	7,100	1,270			270	390	2,902	
11	秦至葫	1		500						
	天津至葫	2					1,750			
12	上海至葫	3	13,783				200			
統計		83	88,684	15,480	750	8,345	3,676	1,996	51,137	1,372

附記：
1. 表列軍品均以噸為單位。
2. 輸運以十二月二十日為截止日期。
3. 葫港因本年一月至四月上旬無破冰航設備，由四月中旬起開航。

附表廿九　東北區各部隊機關現有燃油車輛統計表

部別	現有車數	備考
東北行轅	59	
第六兵團	6	
第九兵團	2	
第六補給區司令部	134	
新一軍	986	
新三軍	232	該軍車輛係以所屬之十四師及五四師原有車輛為基本再加一、二督訓處發來車輛及由輜汽兵團抽補二〇輛
新五軍	36	該軍車輛係一九五師原有車輛及由輜汽兵團抽補二〇輛
新六軍	364	
新七軍	297	該軍車輛係由新三八師原有車輛及由輜汽兵團抽補二〇輛
四九軍	54	
五二軍	39	
五三軍	94	
六〇軍	60	
七一軍	170	
九三軍	26	
二〇七師	27	
高射砲六團	38	
輜汽十七團	575	
輜汽二十五團	527	
裝甲兵團	297	
工十團	41	
工十二團	37	
通六團	44	
通九團	15	
砲七團	4	
重砲十一團	232	
砲十二團	251	
中訓團	5	
戰三團一營	134	
憲教二團	3	
汽車保養團一營	22	
軍械保養團三營	47	
軍械保養營	3	
第九衛生汽車隊	31	
第十衛生汽車隊	21	
第三交材庫	4	

部別		現有車數	備考
瀋陽麻袋廠		1	
第五獸醫器材庫		4	
鐵路車運指導所		1	
第十七燃料連		1	
瀋陽防空司令部		2	
秦葫港口司令部		10	
第三機件廠		2	
第十汽車隊		10	
第九十兵工廠		29	
瀋陽被服廠		15	
東北馬政管理處		1	
遼西師管處		1	
錦州被服廠		2	
瀋陽總醫院		2	
空軍照測六連		13	
吉林師管區		1	
第二四汽車廠		2	
警官第五分校		2	
憲六團		3	
遼東師管區		1	
第三軍官訓練班		2	
狀況	堪用	3,700	
	待修	1,098	
	待報廢	224	
總計		5,022	

附記：

一、本表係根據第六補給區十月份統計表為基準調製，因各部隊作戰關係，雖屢經電飭按月填報，但十一、十二兩月份車輛月報迄尚未報齊。

二、新成立各軍車輛來源詳記備考欄，但係十一月份調整後之表

三、本軍由國防部撥來 T234 600 輛新車均已列入現有數內。

四、輜汽十七團換下舊車158 輛，因修理未竣，發出正少，現大部入廠修理及繕修中。

五、新近奉准發東北之 150 輛尚未到達。

附表卅
東北行轅第四處三六年度主要汽車器材收發統計表

品名	GMC 引擎總成	日產豐田 引擎總成	GMC 汽缸床	GMC 引擎全部床
單位	具	具	張	付
上年結存	6			
本年 1-3 月收				
本年 4-6 月收		1		
本年 7-9 月收				50
本年 10-12 月收			81	
小計		1	81	50
本年 1-3 月發	6			
本年 4-6 月發		1		
本年 7-9 月發				5
本年 10-12 月發			81	
小計	6	1	81	5
年終結存				45

品名	GPW 活塞	DB 活塞	GMC 活塞	GPW 活塞環
單位	只	只	只	套
上年結存				
本年 1-3 月收				
本年 4-6 月收	4	12	60	
本年 7-9 月收	90	102	801	1
本年 10-12 月收	160	48	946	44
小計	254	162	1,807	45
本年 1-3 月發				
本年 4-6 月發				
本年 7-9 月發	66	90	819	
本年 10-12 月發	184	60	808	30
小計	250	150	1,627	30
年終結存	4	12	180	15

品名	DB 活塞環	GMC 活塞環	GMC 活塞肖	GMC 連桿總成
單位	套	套	只	只
上年結存				
本年 1-3 月收				
本年 4-6 月收	2			
本年 7-9 月收	15	64	120	30
本年 10-12 月收	8	185	446	
小計	25	249	566	30
本年 1-3 月發				
本年 4-6 月發				
本年 7-9 月發	15	43	120	12
本年 10-12 月發	8	121	276	3
小計	23	164	396	15
年終結存	2	85	170	15

品名	GMC 化油器總成	GPW 汽油泵	GPW 機油泵	GMC 機油泵
單位	只	只	只	只
上年結存		5	1	
本年 1-3 月收				
本年 4-6 月收				
本年 7-9 月收	8			6
本年 10-12 月收				
小計	8			6
本年 1-3 月發				
本年 4-6 月發				
本年 7-9 月發	4	2		
本年 10-12 月發	2			
小計	6	2		
年終結存	2	3	1	6

品名	GPW 水箱總成	DB 水箱總成	GPW 水泵總成	GMC 水泵總成
單位	只	只	只	只
上年結存	3		2	
本年 1-3 月收				
本年 4-6 月收				
本年 7-9 月收		1		
本年 10-12 月收				20
小計		1		20
本年 1-3 月發				
本年 4-6 月發				
本年 7-9 月發				
本年 10-12 月發			2	10
小計			2	10
年終結存	3	1		10

品名	GPW 風扇皮帶	GMC 風扇皮帶	日產豐田 風扇皮帶	GPW 馬達總成
單位	根	根	根	只
上年結存	89	11		1
本年 1-3 月收	6	11		
本年 4-6 月收				
本年 7-9 月收		20		
本年 10-12 月收		168	20	
小計	6	199	20	
本年 1-3 月發	25	20		1
本年 4-6 月發	17			
本年 7-9 月發	22	22		
本年 10-12 月發	17	143	20	
小計	81	185	20	1
年終結存	14	25		

品名	GMC 分電盤總成	GPW 打火頭	DB 打火頭	GMC 打火頭
單位	只	只	只	只
上年結存				
本年 1-3 月收				
本年 4-6 月收		120	80	50
本年 7-9 月收	15	50	50	105
本年 10-12 月收			14	24
小計	15	170	144	179
本年 1-3 月發				
本年 4-6 月發		100	60	50
本年 7-9 月發	7	50	50	105
本年 10-12 月發		15	11	24
小計	7	165	121	179
年終結存	8	5	23	

品名	DB 白金	GMC 白金	6V 通用考耳	日產 電器
單位	付	付	只	只
上年結存				499
本年 1-3 月收				
本年 4-6 月收				
本年 7-9 月收	34	15	120	40
本年 10-12 月收	14	216	8	
小計	48	231	128	40
本年 1-3 月發				
本年 4-6 月發				45
本年 7-9 月發	23	15	74	100
本年 10-12 月發	25	216	47	37
小計	48	231	121	182
年終結存			7	357

品名	14m/m 火星塞	6V 電瓶	12V 電瓶	GMC 離合器總成
單位	只	只	只	只
上年結存		369		
本年 1-3 月收	177	167	4	
本年 4-6 月收		194	10	
本年 7-9 月收		269	22	
本年 10-12 月收	1,259	540	91	2
小計	1,436	3,190	316	2
本年 1-3 月發	10	247		
本年 4-6 月發	110	412	10	
本年 7-9 月發	30	2343	144	
本年 10-12 月發	1,286	388	111	2
小計	1,436	3,390	265	2
年終結存		169	51	

品名	GMC 離合器 彈子盤	GMC 離合器壓板	GMC 離合器片	GMC 十字軸 彈子盤
單位	只	只	付	只
上年結存	117	1		
本年 1-3 月收				
本年 4-6 月收				
本年 7-9 月收	8	10		
本年 10-12 月收	46		6	60
小計	54	10	6	60
本年 1-3 月發		1		
本年 4-6 月發	20			
本年 7-9 月發		10		
本年 10-12 月發	14		6	60
小計	34	11	6	60
年終結存	137			

品名	GMC 加力箱	GPW 傳動軸	GMC 產汽箱至加力箱傳動軸	GMC 加力箱至前軸傳動軸
單位	只	只	根	根
上年結存	2	1		
本年 1-3 月收				
本年 4-6 月收				
本年 7-9 月收			8	10
本年 10-12 月收				
小計			8	10
本年 1-3 月發				
本年 4-6 月發				
本年 7-9 月發			4	3
本年 10-12 月發	10			
小計	10		4	3
年終結存	1	1	4	7

品名	GMC 加力箱至中軸傳動軸	GMC 加力箱至中軸推進軸	GMC 後地軸中部推進軸左	GMC 中地軸推進軸右
單位	根	根	根	根
上年結存				
本年 1-3 月收				
本年 4-6 月收				
本年 7-9 月收	10	8	8	6
本年 10-12 月收				
小計	10	8	8	6
本年 1-3 月發				
本年 4-6 月發				
本年 7-9 月發	2		5	4
本年 10-12 月發				2
小計	2		5	6
年終結存	8	8	3	

品名	GMC 前地軸推進軸 連續關節左	GMC 驅動齒輪及 小齒輪總成	GMC 盆角牙齒	GMC 拖斗橫軸 總成
單位	只	只	組	只
上年結存				4
本年 1-3 月收				
本年 4-6 月收				
本年 7-9 月收	4	4	4	
本年 10-12 月收				
小計		4	4	
本年 1-3 月發				
本年 4-6 月發				
本年 7-9 月發				
本年 10-12 月發				
小計				
年終結存	4	4	4	4

品名	DB 前地軸總成	GPW 前軸	GMC 前剎車來令	GMC 後剎車來令
單位	只	只	片	片
上年結存	13	6		
本年 1-3 月收				
本年 4-6 月收				
本年 7-9 月收	10		312	288
本年 10-12 月收				
小計	10		312	288
本年 1-3 月發				
本年 4-6 月發	2	2		
本年 7-9 月發	3		100	224
本年 10-12 月發				
小計	5	2	100	224
年終結存	18	4	212	64

品名	GMC 前鋼板一二片	34×7 輪胎	1000×25 輪胎	34×7 外胎
單位	片	套	套	只
上年結存				
本年 1-3 月收		6		
本年 4-6 月收				3,000
本年 7-9 月收	518		500	997
本年 10-12 月收				
小計	518	6	500	3,997
本年 1-3 月發				
本年 4-6 月發		4		2,720
本年 7-9 月發	518			840
本年 10-12 月發				335
小計	518	4		3,895
年終結存		2	500	102

品名	32×6 外胎	30×5 外胎	34×7 內胎	32×6 內胎
單位	只	只	只	只
上年結存				33
本年 1-3 月收	99	1		100
本年 4-6 月收			135	727
本年 7-9 月收			363	275
本年 10-12 月收				
小計	99	1	498	1,102
本年 1-3 月發	40			
本年 4-6 月發	29		135	764
本年 7-9 月發	30		250	244
本年 10-12 月發				105
小計	99		485	1,113
年終結存		1	13	22

附記：表列汽車器材均為主要汽車器材，餘均未列。

附表卅一
東北行轅第四處三六年度全年修出車輛、輪胎、電瓶數量統計表

瀋陽第十汽車四級修理廠－車輛				
月份	各式輪車	1/4T 吉普車	3/4T 道奇車	3/4T 兵器車
一月	4	8	8	
二月	3	18	14	9
三月	1	9	20	3
四月	1	10	4	5
五月	7	13	7	
六月	3	12		9
七月	1	9		2
八月	9	17	13	
九月	4	23		
十月	8	12		4
十一月	5	19	6	2
十二月		2		
小計	46	152	72	34

瀋陽第十汽車四級修理廠－車輛				
月份	2½T 奶姆西	2½T 斯蒂培克	日產卡車	福特卡車
一月	98		1	
二月	59	1	1	4
三月	78	1	4	2
四月	14		2	
五月	32			
六月	28		2	2
七月	54		16	2
八月	16		3	2
九月	14		2	1
十月	18	1		2
十一月	12		8	1
十二月	2			
小計	428	3	39	16

瀋陽第十汽車四級修理廠－車輛					
月份	大蒙天卡車	福特牽引車	雪佛蘭卡車	道奇卡車	車輛小計
一月					119
二月		2		12	123
三月		1		11	130
四月		2			38
五月		1		3	63
六月	2		1	1	60
七月	3				87
八月	2	1	2		65
九月					44
十月			1		46
十一月	1				54
十二月					7
小計	8	7	4	27	836

瀋陽第十汽車四級修理廠－輪胎			
月份	外胎	內胎	輪胎小計
一月	6		6
二月	128	7	135
三月	5	2	7
四月	30	9	39
五月	68		68
十月		45	45
小計	237	63	300

瀋陽第十汽車四級修理廠－電瓶			
月份	6V 電瓶	12V 電瓶	電瓶小計
一月	10		10
二月	6		6
四月	5		5
小計	21		21

長春第二十四汽車三級修理廠－車輛				
月份	各式輪車	1/4T 吉普車	3/4T 道奇車	3/4T 兵器車
一月	2	3		4
二月	4	4		
三月	4		3	5
四月	1	10	1	1
五月	2	8	4	1
六月	4	4	10	
七月		1		
八月		3	2	
九月			6	
十月		2	4	
十一月		3	2	
小計	17	38	32	11

長春第二十四汽車三級修理廠－車輛				
月份	2½T 圾姆西	2½T 斯蒂培克	日產卡車	福特卡車
一月	12	8	2	3
二月	6	6	4	1
三月			1	
四月	11	4	3	1
五月	13		2	7
六月	7	1	1	
七月	14	1		10
八月	83		2	7
九月	109	38		12
十月	7	5		13
十一月	6	8		12
小計	268	71	15	66

長春第二十四汽車三級修理廠－車輛					
月份	大蒙天卡車	福特牽引車	雪佛蘭卡車	道奇卡車	車輛小計
一月				4	38
二月			2	1	28
三月					13
四月				11	43
五月			1	3	41
六月				6	33
七月				6	32
八月				18	115
九月				12	177
十月				10	41
十一月				11	42
小計			3	82	603

長春第二十四汽車三級修理廠－輪胎			
月份	外胎	內胎	輪胎小計
十月	5	5	10
小計	5	5	10

長春第二十四汽車三級修理廠－電瓶			
月份	6V 電瓶	12V 電瓶	電瓶小計
十月	18		18
十一月	12		12
小計	30		30

瀋陽汽車保養廠第一營－車輛				
月份	各式輪車	1/4T 吉普車	3/4T 道奇車	3/4T 兵器車
四月		1		2
五月		1	6	
六月			1	
七月		4	2	
八月		3	12	
九月		5	10	
十月		10	8	
十一月		7	4	
小計		31	43	2

瀋陽汽車保養廠第一營－車輛				
月份	2½T 奴姆西	2½T 斯蒂培克	日產卡車	福特卡車
四月	32	1	35	
五月	86		76	2
六月	35	1	37	6
七月	8	1	1	
八月	221	58		
九月	81	30		
十月	25	27		3
十一月	42	29		7
小計	530	147	149	18

瀋陽汽車保養廠第一營－車輛					
月份	大蒙天卡車	福特牽引車	雪佛蘭卡車	道奇卡車	車輛小計
四月		16		1	88
五月				16	187
六月					80
七月				2	18
八月				3	297
九月				1	127
十月				4	77
十一月				3	92
小計		16		30	966

瀋陽汽車保養廠第一營－輪胎			
月份	外胎	內胎	輪胎小計
四月	15	20	35
五月	28	32	60
小計	43	52	95

瀋陽汽車保養廠第一營－電瓶			
月份	6V 電瓶	12V 電瓶	電瓶小計
八月	34		34
九月	20		20
十月	23		23
十一月	18		18
小計	95		95

瀋陽軍械保養營－車輛				
月份	各式輪車	1/4T 吉普車	3/4T 道奇車	3/4T 兵器車
十月	2		7	
十一月	6	20	13	
小計	8	20	20	

瀋陽軍械保養營－車輛				
月份	2½T 奴姆西	2½T 斯蒂培克	日產卡車	福特卡車
十月	12		1	8
十一月	14		3	
小計	26		4	8

瀋陽軍械保養營－車輛					
月份	大蒙天卡車	福特牽引車	雪佛蘭卡車	道奇卡車	車輛小計
十月					30
十一月					56
小計					86

瀋陽軍械保養營－電瓶			
月份	6V 電瓶	12V 電瓶	電瓶小計
十月	25		25
十一月	18		18
小計	43		43

瀋陽第三汽車機件製造廠－輪胎			
月份	外胎	內胎	輪胎小計
四月	135	1	136
五月	251	202	453
六月	117	100	217
七月	174	156	330
八月	120	50	170
九月	181	50	231
十月	229	177	406
十一月	181	14	195
十二月			
小計	1,388	750	2,138

瀋陽第三汽車機件製造廠－電瓶			
月份	6V 電瓶	12V 電瓶	電瓶小計
五月	7		7
六月	201	12	213
七月	46	2	48
八月	23		23
九月	7	2	9
小計	284	16	300

總計				
車輛小計	各式輪車	1/4T 吉普車	3/4T 道奇車	3/4T 兵器車
2,491	71	241	167	47
	2½T ⿰女及姆西	2½T 斯蒂培克	日產卡車	福特卡車
	1,252	221	207	108
	大蒙天卡車	福特牽引車	雪佛蘭卡車	道奇卡車
	8	23	7	139
輪胎小計	外胎	內胎		
2,543	1,673	870		
電瓶小計	6V 電瓶	12V 電瓶		
489	473	16		

附表卅二（一） 卅六年度東北區油料收支數量統計表

汽油	原有數	新收數	發出數（即消耗數）	結存數
一月份	1,417,821.20		273,403.90	1,144,417.31
二月份	1,144,417.31		308,541.50	835,875.81
三月份	835,875.81	499,652.00	315,849.00	1,019,678.81
四月份	1,019,678.81		264,052.32	755,626.49
五月份	755,626.49	237,542.00	299,743.95	693,424.54
六月份	693,424.54	575,735.00	315,399.97	953,759.57
七月份	953,759.57	1,765,855.60	254,558.97	2,465,056.20
八月份	2,465,056.20		276,734.27	2,188,321.93
九月份	2,188,321.93		303,345.71	1,884,976.22
十月份	1,884,976.22	1,046,235.00	326,425.04	2,604,786.18
十一月份	2,604,786.18		335,482.37	2,269,303.81
十二月份	2,269,303.81		41,039.85	2,228,263.96
合計		4,125,019.60	3,314,576.85	2,228,263.96

機油	原有數	新收數	發出數（即消耗數）	結存數
一月份	102,726.17		12,740.47	89,985.70
二月份	89,985.70	48,960.00	13,592.08	125,353.62
三月份	125,353.62	44,930.00	12,054.14	158,229.48
四月份	158,229.48		12,568.41	145,661.07
五月份	145,661.07		12,878.44	132,782.63
六月份	132,782.63	209,496.00	13,361.00	328,917.63
七月份	328,917.63		9,836.20	319,081.43
八月份	319,081.43		12,467.10	306,614.33
九月份	306,614.33		14,843.72	291,770.61
十月份	291,770.61		15,998.25	275,772.36
十一月份	275,772.36		16,807.68	258,964.68
十二月份	258,964.68		2,432.84	256,531.84
合計		303,386.00	149,580.33	256,531.84

考油	原有數	新收數	發出數（即消耗數）	結存數
一月份	48.17			48.17
二月份	48.17	9,646.00	79.00	9,615.17
三月份	9,615.17	12,466.12	685.65	21,395.64
四月份	21,395.64		1,484.48	19,911.16
五月份	19,911.16		1,367.09	18,544.07
六月份	18,344.07	1,990.00	2,869.26	17,664.81
七月份	17,644.81		1,290.80	16,374.01
八月份	16,374.01		1,347.36	15,026.65
九月份	15,026.65		1,454.34	13,572.31
十月份	13,572.31		1,587.49	11,984.82
十一月份	11,984.82		1,786.92	10,197.90
十二月份	1,0197.90		178.64	10,019.26
合計		24,102.12	14,131.03	10,019.26

剎車油	原有數	新收數	發出數（即消耗數）	結存數
一月份	1,198.72		49.92	1,148.76
二月份	1,148.76		43.76	1,105.00
三月份	1,105.00		48.87	1,056.13
四月份	1,056.13		47.91	1,008.22
五月份	1,008.22		57.25	950.97
六月份	950.97		55.58	895.39
七月份	895.39		59.48	835.91
八月份	835.91		64.87	771.04
九月份	771.04		69.54	701.50
十月份	701.50		78.49	623.01
十一月份	623.01		76.27	546.74
十二月份	546.74		25.51	521.23
合計			677.49	521.23

牛油	原有數	新收數	發出數（即消耗數）	結存數
一月份	5,748.48		3,516.42	2,232.06
二月份	2,232.06	19,200.00	1,421.26	20,510.80
三月份	20,510.80	12,475.00	1,094.84	31,890.96
四月份	31,890.96		2,664.65	29,226.31
五月份	29,226.31		2,415.23	26,811.08
六月份	26,811.08		5,743.86	25,067.22
七月份	25,067.22	4,000.00	3,224.55	21,842.67
八月份	21,842.67		2,745.37	19,097.30
九月份	19,097.30		2,884.63	16,212.67
十月份	16,212.67		2,914.52	13,298.15
十一月份	13,298.15		3,469.33	9,828.92
十二月份	9,828.82		353.22	9,475.60
合計		36,175.00	32,447.88	9,475.60

柴油	原有數	新收數	發出數（即消耗數）	結存數
一月份	256,549.00		2,388.70	254,160.30
二月份	254,160.30		280.00	253,880.30
三月份	253,880.30		2,958.00	250,922.30
四月份	250,922.30		2,555.00	248,367.30
五月份	248,367.30			248,367.30
六月份	248,367.30		8,481.00	239,886.30
七月份	239,886.30		707.50	239,178.80
八月份	239,178.80		3,471.00	235,707.80
九月份	235,707.80		4,599.50	231,108.30
十月份	231,108.30	735,931.50	4,891.50	962,148.30
十一月份	962,148.30		5,247.80	956,900.50
十二月份	956,900.50		5,000.00	951,900.50
合計		735,931.50	40,580.00	951,900.50

附記：
一、第三交通器材庫據十二月三日結存數。
二、第二十二分監部據十二月三日結存數。
三、第二十三分監部據十二月三日結存數。
四、第二十五分監部據十一月三十日結存數。

附表卅二（二） 東北行轅核發油料各種基準說明

一、為核發油料暫定之每軍師標準車輛數

（1）軍司令部及直屬部隊標準車數

1 /4T 吉普車四輛

3 /4T 軍械車四輛

2 ½T 載重車十五輛

（2）每師標準車數

1 /4T 吉普車二輛

3 /4T 軍械車二輛

2 ½T 載重車十輛

二、各車種每一配油基數應發加侖數

1 /4T 吉普車按四加侖為一配油基數

3 /4T 軍械車按八加侖為一配油基數

2 ½T 載重車按十六加侖為一配油基數

附表卅三
東北各部隊購置大車及調整後具有大車輛數表

部隊番號 ＼ 區分		原准購輛數	購竣輛數	調整後具有輛數	備考
新 1 軍	軍部	60	60	60	
	新 30 師	120	240	120	該師在長春購竣之 120 輛於離長春時飭就地撥交新七軍軍部及暫 61 師各 60 輛，抵瀋陽後將 49 軍前多領之 120 輛價改撥該師重行購之 120 輛
	第 50 師	120	120	120	
	暫 53 師	120	60	60	另案令飭以六十輛購車價款改購馬騾
新 3 軍	軍部			60	該軍部新近編成上項大車係 59 師撥來
	第 16 師	120	120	120	
	第 54 師	120	120	120	
	暫 59 師	120	120	60	購竣之 120 輛，以 60 輛撥歸新三軍軍部
新 5 軍	軍部		60	60	該軍部新近編成購車款係由暫二十一師撥來
	第 195 師	120	100	100	
	暫 54 師	120	60	60	另案令飭以六十輛購車價款改購馬騾
新 6 軍	軍部	60	60	60	
	新 22 師	120	120	120	
	第 169 師	120	120	120	
	暫 62 師			60	該師新近編成上列大車係由暫五八師撥來
新 7 軍	軍部			60	上列大車係由新卅師撥來
	第 38 師	120	120	120	
	暫 56 師	120	60	60	另案令飭以六十輛購大車款改購馬騾
	暫 61 師			60	上列大車係由新卅師撥來

區分 部隊番號		原准購輛數	購竣輛數	調整後具有輛數	備考
49 軍	軍部	30	30	30	原准購數為鐵輪大車，已購竣者為膠輪大車，其價格膠輪為鐵輪之二倍
	第 26 師	120	60	60	購竣者為膠輪大車
	第 79 師	120	78	78	內 43 輛為鐵輪 35 輛為膠輪
	暫 55 師	120	60	60	一、該師新近始編入四十九軍 二、另案令飭六十輛購車價款改購馬騾
		120			49 軍原僅有 26、79 兩師，但作購車計劃及發款均以每軍三師計算，故該軍前多領一個師 120 輛價款嗣改發新卅師購置
52 軍	軍部	60	60	60	
	第 2 師	120	120	120	
	第 25 師	120	120	120	
	暫 58 師	120	120	60	該師購竣之 120 輛內飭發交暫六二師六十輛
53 軍	軍部	60	60	60	
	第 130 師	120	120	120	
	暫 30 師	120	60	60	
	暫 60 師	120	60	60	另案令飭六十輛車價款改購馬騾
60 軍	軍部	60	60	60	
	第 182 師	120	60	60	一、另案令飭以 60 輛購車款撥交新五軍軍部購置 二、令飭由暫五二師發交該師大車六十輛
	第 184 師	120	120	120	
	暫 21 師	120	60	120	
71 軍	軍部	60	60	60	
	第 87 師	120	120	120	
	第 88 師	120	120	120	
	第 91 師	120	120	120	

部隊番號 \ 區分		原准購輛數	購竣輛數	調整後具有輛數	備考
92 軍	軍部			60	一、該軍原不屬本轅戰鬥序列 二、上列大車係飭由暫五七師撥來
	第 21 師			60	上列大車係飭由暫五一師發來
	第 43 師			60	上列大車係飭由暫五一師發來
93 軍	軍部	60	30	30	購置者為膠輪大車
	暫 18 師	120	48	48	購置之 48 輛中，25 輛為膠輪大車
	暫 20 師	120	48	48	購置之 48 輛中，37 輛為膠輪大車
	暫 22 師	120	60	60	
第 207 師		420	420	420	該師係整編師，購數與軍同
第 116 師		120			該師原屬五十三軍，番號已撤銷未購置
暫 50 師		120	60	60	另案令飭以六十輛購車款改購馬騾
暫 51 師		120	120		該師番號撤銷，購竣之大車飭分交第二一師及四三師各六十輛
暫 52 師		120	115	55	該師縮編為一個團，飭發交暫二一師六十輛
暫 57 師		120	60		該師番號撤銷，購置之六十輛撥交第九十二軍軍部
總計		5,220	4,149	4,149	

附記：
一、未購竣各部隊係因作戰調動頻繁，購置困難，均仍繼續購置中。
二、各部隊作戰損耗大車輛數尚多未據報，未列入。

附表卅四
卅六年度及卅七年度東北區
徵僱大車日費及車夫馬糧料給與表

名稱	數量	卅六年度 給與數	卅七年度 給與數	備考
一馬曳大車 每日給費	壹輛	1,875 元	13,125 元	
二馬曳大車 每日給費	壹輛	2,500 元	20,000 元	
車伕每日口糧	壹名	25 兩	25 兩	二馬曳大車如有車伕二名者按上列數量加倍發給
輓馬每日飼料	壹匹	豆餅 2 斤 豆料 3 斤	豆餅 2 斤 豆料 3 斤	

附記：

一、聯勤總部規定每馬日發豆料三斤、麩皮三斤，惟東北缺乏麩皮，改發豆餅二斤。

二、表列金額以流通券計。

三、卅七年度給與自卅七年元月元日起實施。

附表卅五　卅六年度東北各部隊徵僱大車數量表

部別	數量
四十三師	60
二十一師	60
暫五十師	60
暫五十二師	30
暫五十四師	60
暫五十五師	60
暫五十八師	16
暫五十九師	60
暫六十師	60
暫六十二師	60
七兵團司令部	30
通六團	7
騎二旅	60
保三支隊	20
合計	643

附記：本表截至十二月十五日止。

其六　總務

一、管理

為便於業務掌管及推行，即按左列各項實施，藉收實效。

1. 財物保管

凡本轅之備品、傢俱等項，均經第一科以合理之數量配撥於各單位使用，其保管情形著由各單位負責（如附表一）。

2. 士兵管教

查本轅各單位士兵統由第一科開補及統籌管理，每於午休時間施以簡易教育，貫輸以軍人常識，鍛練體格，俾增進工作效率，養成優良士兵之性格（如附表二）。

3. 房舍分配

本轅辦公房舍依各單位需要合理分配之，凡各級官佐眷屬住宅按公有房舍之多寡劃分住宅區，編號登記按次序先後撥配（附表三）。

4. 汽車管理

汽車部分除按編制數量分配各單位主管使用外，其餘車輛均控置於總務處，指定專人負責，臨時調派以利使用，所需油料由第六補給區按月補給（如附表四、五）。

5. 伙食管理

官佐伙食由第一科指派副官一員負責辦理，並由入伙人員組成伙食委員會，選人監督，每週開會一次，檢討伙食改善事宜。採購部份由福利社統籌購入，總期達成入伙人員之要求，按主副食數量適宜辦理之。

6. 警衛督導

本轅辦公廳內外及附近之警衛由警衛團負責擔任，第一科派員督導。

二、庶務

為使庶務易於辦理，分兩項實行之。

1. 物品採購保管及出納

本轅全年份所需之辦公文具及備用品等項，均由採購委員會決定標購，但不得超過預算金額，其物品保管及驗收分配，各部門均著專人負責辦理，並依各單位業務及辦公人員數目以定數量及種類，每於月終分造統計表一份呈核。

2. 福利

本轅官兵福利依物價之波動，力求調整並給與眷糧、煤、房租貸金，使官兵安心服務。

三、交際

查交際業務因其性質特殊，分下列二項。

1. 招待

關於過往之中外來賓及各方首長以及人民團體代表等招待，與各機關有關部份聯繫接洽事宜，由第一科與外事科協同辦理，以完成招待使命。

2. 外事

由外事科派通曉外國語文之譯員辦理，主任、參謀長或秘書長接見外賓及外國駐在使領僑商等事宜，並撰擬有關國際典禮與交際之外國文函件，以資聯繫而敦邦交。

民國史料 54

內戰在東北：熊式輝、陳誠與東北行轅（一）

Civil War in Manchuria: Hsiung Shih-hui, Chen Cheng, and the Northeast Field Headquarter - Section I

編　　者　民國歷史文化學社編輯部
總 編 輯　陳新林、呂芳上
執行編輯　林弘毅
封面設計　溫心忻
排　　版　溫心忻、施宜伶

出　　版　開源書局出版有限公司
香港金鐘夏慤道 18 號海富中心
1 座 26 樓 06 室
TEL：+852-35860995

民國歷史文化學社有限公司
10646 台北市大安區羅斯福路三段
37 號 7 樓之 1
TEL：+886-2-2369-6912
FAX：+886-2-2369-6990

http://www.rchcs.com.tw

初版一刷　2021 年 7 月 31 日
定　　價　新台幣 350 元
港　幣　95 元
美　元　13 元
I S B N　978-986-5578-43-5
印　　刷　長達印刷有限公司
台北市西園路二段 50 巷 4 弄 21 號
TEL：+886-2-2304-0488

國家圖書館出版品預行編目 (CIP) 資料
內戰在東北：熊式輝、陳誠與東北行轅 = Civil war in Manchuria : Hsiung Shih-hui,Chen Cheng,and the Northeast Field Headquarter/ 民國歷史文化學社編輯部編 . -- 初版 . -- 臺北市：民國歷史文化學社有限公司 , 2021.07-
冊；　公分 . -- (民國史料 ; 54-58)
ISBN 978-986-5578-43-5 (第 1 冊 : 平裝). --
ISBN 978-986-5578-44-2 (第 2 冊 : 平裝). --
ISBN 978-986-5578-45-9 (第 3 冊 : 平裝). --
ISBN 978-986-5578-46-6 (第 4 冊 : 平裝). --
ISBN 978-986-5578-47-3 (第 5 冊 : 平裝)
1. 國共內戰　2. 民國史
628.62　　110010760